퇴직과 은퇴 사이

퇴직과 은퇴 사이

이기훈 지음

한국경제신문*i*

퇴직과 은퇴 사이,
그 사이에서 삶의 차이를 생각하다

은퇴는 인생 여력이 끝나서 쇠퇴하거나 영원히 삶에서 물러나는 탈퇴가 아니다. 오히려 퇴직은 인생의 전환점에서 이전과 다른 삶을 살기 위해 새로운 각오로 재출발하는 삶이다. 은퇴를 의미하는 'retire'는 '그동안 쓰던 타이어(tire)가 마모되어서 새로운 타이어로 갈아 끼운다(re-tire)'는 의미를 담고 있지 않은가. 은퇴는 이런 점에서 퇴직 시점이 다가오기 한참 전부터 인생 2막을 은밀하게 준비하면서 앞으로 살아가는 내공을 쌓기 위한 노력이 어느 정도 마무리되는 시점에서 내리는 결단이다. 은퇴는 그래서 허둥지둥 살다가 어느 날 갑자기 맞이하는 인생의 종지부가 아니라 사전에 철저한 계획과 준비를 하면서 이전과 전혀 다른 삶의 세계로 이직하는 인생 2막의 서막이라고 볼 수 있다.

퇴직 시점에서 사람은 조급해질 수 있고, 두려움에 휩싸여 매사에 지나치게 조심하는 자세와 태도가 자신도 모르게 나올 수도 있다. 늘 해오던 익숙한 세계에서 벗어나 이전과 다른 길을 걸어가야 하는 부담감이 가중되기 때문이다. 하지만 인생은 언제나 각본대로 풀리지 않았고 생각지도 못한 문제나 위기와 직면하면서 색다른 가능성을 모색하는 가운데 대안을 모색하고 시도하며 적응하는 과정이다. 어차피 앞으로 펼쳐질 미래 세계는 언제나 예측대로 돌아가지 않고 일촉즉발(一觸卽發)의 위기 속에서 임기응변을 발휘하며 살아갈 불확실한 세계가 아닌가. 그래서 직장을 다니는 사람은 언제 퇴직을 할 것인가, 퇴직을 당할 것인가를 두고 깊이 숙고하면서 사전에 뭔가를 준비하지 않으면 총탄 없이 전쟁터에 뛰어드는 위험을 감수해야 한다.

　　그리고 우리가 흔히 생각하는 퇴직에 대한 통념도 다르게 생각할 필요가 있다. 퇴직은 아직 오지 않은 정직(停職)이 아니다. 오히려 퇴직은 내가 준비했다가 계획대로 주어진 직장을 떠나는 사직(辭職)일 때 또 다른 직업으로 이직(移職)할 수 있는 기회가 생긴다. 가장 바람직한 퇴직은 재직 시절에 간직했던 꿈을 품고 잉태하다가 실직(失職)이나 해직(解職)되기 전에 자신이 천직(天職)이라고 믿음직스럽게 생각한 직업을 선택해서 전직(轉職)하는 '매직'이다. 이런 퇴직이야말로 자신의 인생 2막을 가장 듬직하고 묵직하게 지켜주면서 세파가 몰아쳐도 오직 자신이 품고 있는 꿈을 가장 우직하게 지켜줄 요직(要職)이라고 생각한다. 퇴직은 그래서 인생의 어느 시점이 지나면 돌이켜보면서 자신의 인생을 솔직 담백하면서 나직한 목소리로 들려줄 노래로 굵직하게 다가오는 인생찬가일 수 있다.

이 책은 강제로 퇴직당하기 전에 미리 퇴직을 준비하면서 인생 2막을 살아가려는 사람에게 던져주는 지혜들로 가득 차 있다. 뜻한 바가 있어 일찍 스스로 퇴사를 선언하고 자신이 원하는 삶을 살아가면서 겪은 체험적 깨달음을 생생한 사례와 함께 전달하는 살아 있는 인생교과서가 바로 이기훈 대표의 저작이다. 《퇴직과 은퇴 사이》는 지금은 별문제가 없지만, 조만간 우리 모두가 경험할 조기 퇴직이나 강퇴로 인한 인생의 고난과 고충을 줄이기 위해 미리 어떤 준비를 어떻게 해야 할지를 살아 있는 깨우침으로 일깨워주는 인생독본이나 다름없다.

우리는 지금까지 인생 전반전을 뛰기 위해서 자신의 전부를 투자해왔다. 그런데 스스로도 느끼지 못하는 사이에 인생 전반전은 이미 끝났고 우리는 자신의 의도와 무관하게 갑자기 직장이라는 울타리를 벗어나 혹한의 추위가 몰아치는 세상 밖으로 나와서 생존해야 한다. 이 책은 인생의 행복한 후반전을 디자인하고 싶은 직장인을 위해서 저자의 살아 있는 경험과 폭넓은 혜안으로 비록 받아들이기 불편한 쓴소리일 수 있지만, 인생 선배로서 알려주는 따끔한 죽비(竹篦)이자 정문일침의 깨우침이 녹아 있는 필독서가 아닐 수 없다.

퇴직은 본인뿐만 아니라 가족에게도 심각한 데미지를 주기에 스스로 퇴직할 수 있는 기반을 사전에 준비함으로써 반퇴 시대, 퇴사 이후의 현실을 직시할 수 있는 혜안을 갖게 해주는 현실적 지침과 따끔한 충고가 곳곳에서 살아 숨쉬고 있다. 재수 없으면 100세까지 사는 시대에 60세 이후의 삶에 대한 실질적인 처방전을 제공해주면서 강퇴당하는 수모를 겪지 말고 스스로 은퇴혁명(The New Retirementality)을 일으키라고 역설하는 이 책은 은퇴 이전에 우리 모두가 읽어야 할 지침서가 아닐 수 없다. 다가올 퇴직과 은퇴 사이에서 고민하는 수많은 직장인들에게 이 책이 한 줄기 희망의 빛을 던져줄 것으로 믿어 의심치 않는다. 나아가 저자의 혜안과 안목이 담긴 이 책이 불확실한 미래 앞에서 두려움에 떠는 사람들에게 시금석이 되었으면 좋겠다는 희망을 품어본다.

지식생태학자 **유영만**
한양대 교수, 《이런 사람 만나지 마세요》 저자

머리말

정상을 향해 땀 흘리며 걷는 산행길은 마치 세상을 살아가는 인생길과 같다는 생각이 든다. 인생이라는 산은 아무런 준비를 하지 않고도 가볍게 오를 수 있는 동네 뒷산이 아니다. 높고 험한 산이다. 동네 뒷산이라면 운동화만 신고도 가볍게 오를 수 있지만, 설악산이나 지리산 같은 큰 산을 오르면서 장비를 갖추지 않고 도전했다가는 큰 낭패를 보게 된다. 그래서 지혜로운 사람은 산에 오르기 전부터 미리미리 준비한다. 산에 오를 수 있는 체력을 비축하고 코스에 대한 정보를 파악하고, 등산에 필요한 물자와 장비 그리고 산행의 조력자 등을 철저하게 갖추는 절차를 밟는다.

반면 이러한 준비 없이 무작정 산에 오르는 사람들은 혹여나 있을지도 모르는 위험한 상황에서 아무런 행동을 할 수 없다. 실제로 산에서 사고를 당하는 경우의 대부분이 무분별한 산행에 그 원인이 있다. 이처럼 단시일의 산행에도 철저한 계획과 준비가 필요한데, 한평생을 사는 인생길에 목표와 계획, 그리고 철저한 준비가 없으면 어떻게 될까? 상상만 해도 끔찍한 일이다.

지금은 100세 시대, 반퇴 시대, 트리플 30시대다. 운이 없으면 100세까지 살아야 한다. 철저한 준비가 없다면 정말 끔찍한 일이다. 30년씩 세 번을 사는 시대에 직장인은 직장을 축으로 해서 자기의 삶을 영위한다. 어찌 보면 인생은 자신이 선택한 직장이라고 할 수 있다. 안 죽으면 청춘이다. 은퇴는 없다. 은퇴 혁명(The new retirement)을 하라! 재정적인 문제보다, 비재정적 문제를 해결할 수 있는 근로소득을 창출할 수 있는 경력 관리를 해야 한다. 나는 인생의 3막 즉, First Age(인생 1막), Second Age(인생 2막), Third Age(인생 3막)를 어떻게 준비할 것인가에 대해 정리해보았다.

First Age(인생 1막) : 스펙과 내공 사이

좋은 직장에 들어가기 위해 25년 정도를 스펙(7종, 8종세트) 만들기에 투자한다. 그리고 샐러던트(셀러리맨과 스튜던트의 합성어)란 말이 있듯이 직장에서 생존하기 위해 끊임없이 스펙 만들기에 투자해야 한다. 하지만 휴지만도 못한 스펙은 반퇴 시대의 생존에 크게 도움이 되지 않는다. 직장에서 근무하는 동안 스펙에 의지하지 말고 스펙이라는 굴레를 바꾸려고 하지 마라! 스펙이 아닌, 축적된 시행착오가 실력인 것이다. 그래야 내공이 있는 고수가 되는 것이다. 내공은 훈련과 경험을 통해 안으로 쌓인 실력과 그 기운을 말한다. 무림, 강호에 나와서 무수히 많은 강호의 고수와 일합을 겨뤄서 승자가 될 수 있는 내공을 키워야 한다. 그러기 위해서는 직장에서 철저하게 훈련과 경험을 통해 내공을 축적해야 한다. 그리고 판을 바꾸면 된다.

Second Age(인생 2막) : 퇴직과 은퇴 사이

반퇴 시대! 퇴사는 본인뿐만 아니라 가족에게도 심각한 상처를 준다. 그런데 중요한 것은 직장인에게는 상처를 극복할 수 있는 그 어떤 대안도 없다는 것이다. 할 수 있는 게 없다, 할 게 없다. 재취업의 현실은 비정규직이 대부분이다. 그리고 자영업 창업은 90% 이상이 실패하게 된다. 창업 실패는 실버 파산으로 연결되는 것이 현실임을 직시해야 한다. 은퇴란 경제활동에서 물러나 한가롭게 지낸다는 뜻이다. 안 죽으면 청춘이다. 살아 있는 동안 은퇴는 존재하지 않는다. 그리고 퇴직과 은퇴 사이에는 상당한 시간이 존재한다. 퇴직은 은퇴가 아닌 새로운 시작이다. 그러므로 새로운 시작을 할 수 있는 평생직업을 만들어야 한다. 그러려면 철저하게 경력 관리(CDP)를 해야 한다.

Third Age(인생 3막) : 박사와 밥사 사이

산은 오르는 것이 끝이 아니다. 내려오는 일이 남아 있다. 산에 오를 때는 안전사고가 거의 없다. 많은 안전사고가 하산 길에 발생한다. 인생의 하산 길 역시 어렵고 힘들다. 퇴직 후의 창업 실패, 금융 사기, 중대 질병, 황혼 이혼 등 인생 3막에 태클을 거는 위험요소들이 산재해 있다. 인생의 태클을 거는 위험 요소를 잘못 관리하면 인생의 후반전에 실버파산으로 귀결된다는 것을 명심해야 한다. 그러므로 나이를 먹을수록 자신의 꿈(Dream)을 실현하기 위해 6가지(健, 妻, 財, 事, 友, 趣)를 가지고 저글링을 할 수 있어야 한다. 은퇴는 없다. 적어도 80세까지 현역이어야 한다. 더 나아가서 평생 현역이면 인생 3막의 태클 요소를 걱정할 필요가 없다.

사람은 책을 통해서 배우거나, 대화를 통해서 학습하거나, 교육을 받았거나, 경험에 의해서 깨달았거나 해서 삶의 지혜를 체득해간다. 나는 오랜 세월 강의를 했다. 좀 더 좋은 강의, 기억에 남는 강의, 경쟁력 있는 강의를 하기 위해서 나 나름대로 열심히 노력했다.

내가 교육받았던 내용과 내가 읽었던 다양한 책들과 신문, 잡지, 그리고 강의하면서 어우러졌던 많은 사람들과 나눴던 이야기와 사연들. 그들에 의해서 삶의 실제를 깨닫게 된 경우가 많았다. 잘 포장된 평탄한 길을 달려온 사람의 굴곡 없는 행운 같은 이야기보다 우여곡절이 많은 울퉁불퉁한 길을 슬기롭게 걸어온 사람들의 삶의 이야기와 모험담, 혼자 체득하고 있기에는 아까운 내용을 정리해보았다.

나한테 강의를 들었던 많은 사람들과 이 시대의 직장인에게 이 책을 드립니다. 여러분의 브랜드를 위하여!

고맙습니다.

- 이기훈

추천의 글 ・4 / 머리말 ・8

Chapter 1

First Age(인생 1막) : 스펙과 내공 사이

1. 철이 없다 ・18
안 죽으면 청춘이다 / 철이 없다 / 멋있게 나이 들자

2. 동네 뒷산의 자화상 ・26
뒷산의 자화상 / 아는만큼 보인다 / 우물 안 개구리 / 살아 있는 것들은 전략이 있다

3. 꿈과 희망 사이 ・34
구두닦이 김맹호 / 꿈과 희망 사이 / 인생은 드라마

4. 자신의 한계를 인정하라 ・41
가끔 나의 모습을 생각하면서 살자 / 제갈공명과 사마의 / 곳간의 쥐와 변소의 쥐

5. 스펙과 내공 사이 - 절정의 고수가 돼라 ・48
주홍글씨 / 스펙이라는 주홍글씨를 벗어나려면 판을 바꿔라 / 절정의 고수가 돼라

6. 고수와 하수 사이 ・57
앨버트로스 / 고수와 하수 / 성공은 고수가 하는 것이다

7. 내공과 역량계발 사이 ・67
역량계발, 왜 하는가? / 역량계발의 방법 / 교양이 풍부한 사람

8. 다르게 생각하라 ・77
직장인의 패러독스 / 칼집과 칼자루 / 다르게 생각하라

Chapter 2

Second Age(인생 2막) : 퇴직과 은퇴 사이

1. 직장인의 메멘토 모리(Memento Mori) · 86
   봉급쟁이의 즐거움 / 직장인의 길, 직장인의 미래 / 직장인의 메멘토 모리

2. 멧돼지와 집돼지 · 95
   왜 멧돼지는 날렵하고 집돼지는 미련한가? / 직장인 /직장인과 회사인간

3. 퇴사를 준비하라 · 102
   스펙 투자비 회수 못 한다 / 삼십 그리고 칠십 /스펙은 용도 폐기된 쓰레기 /
   퇴사는 언제 준비해야 하는가?

4. 타이어와 리타이어 · 111
   카프카의 변신 / 타이어와 리타이어 / 퇴직과 은퇴 사이 / 은퇴는 없다

5. 라이언 킹도 굶어 죽는다 · 120
   사자도 굶어 죽는다 / 청년 수사자의 생존 전략 / 세한도 이야기

6. 부캐와 T자형 인간 · 127
   두 친구 이야기 / 부캐와 멀티페르소나

7. 하고 싶은 것과 할 수 있는 것 · 136
   친구의 변신 / 네 가지 종류의 직업 / 하고 싶은 것과 할 수 있는 것

8. 현직에 있을 때 준비하라 · 144
   1년만 먼저 준비해도 퇴직 후 인생이 달라진다 / 현직에 있을 때 퇴직을 준비하라 /
   재취업! 회사를 활용하라 / 전직과 이직, 재취업 4P Mix 전략

Chapter 3.

Third Age(인생 3막) : 박사와 밥사 사이

1. 삶의 여섯 가지 저글링 · 156
   나이 들어 후회하는 아홉 가지 / 멋진 저글러가 돼라

2. 아프면 라면 한 그릇 먹을 수가 없다 · 163
   장수는 축복이어야 한다 / 건강 수명, 건강 저축 / 건강 수명 늘리는 방법

3. 열심히 일한 당신, 당신의 자리가 없다 · 172
   왕의 귀환은 없다 / 행복한 가족관계 만들기 / 세컨 하우스(Second House)를 장만하라!

4. 박사와 밥사 사이 · 180
   근로자와 자산가 / 하루 종일 일만 하는 사람은 돈 벌 시간이 없다 / 박사와 밥사

5. 창문 넘어 도망친 100세 노인 · 188
   100세 노인 원동력 / 평생 현역, 영원한 현역 / 재테크가 아닌 노(老)테크

6. 친구가 많으면 살길도 많다 · 197
   가을 젖은 낙엽 / 퇴직 후에는 친구가 없다 / 새로운 친구 만들기

7. 놀 줄 모른다. 노는 방법을 모른다 · 206
   택시기사의 취미 / 놀아야 할 시간이 너무 길다 / 노테크, 취미테크

8. 시니어 작가가 돼라 · 214
   글쓰기는 정년이 없다 / 곡성 할매와 칠곡 가시나 / 쓰는 것이 힘이다

참고문헌 · 224

Chapter 1.

First Age(인생 1막)
: 스펙과 내공 사이

철이 없다

젊음은 알지 못하는 것을 탄식하고, 나이는 하지 못한 것을 탄식한다.

-앙리 에스티엔(Henri Estienne)-

안 죽으면 청춘이다
- 여생(餘生)과 여생(麗生)

나는 젊었을 때 정말 열심히 일했다. 나는 실력을 인정받았고 존경받았다. 그리고 60세에 당당하게 은퇴를 할 수 있었다. 나는 퇴직 후 '이제 다 살았다. 남은 인생은 그냥 덤, 여생(餘生)이다'라는 생각으로 그저 고통 없이 죽기만을 기다렸다. 그런 내가 30년 후 90세 생일 때 얼마나 후회의 눈물을 흘렸는지 모른다. 60세 때 나는 자랑스럽고 떳떳했지만, 이후 30년의 삶은 부끄럽고 후회되고 비통한 삶이었다. 덧

없고 희망이 없는 삶을 무려 30년이나 살았다. 30년의 세월은 지금 내 나이 90세로 보면 3분의 1에 해당하는 기나긴 시간이다. 만일 내가 퇴직할 때 앞으로 30년을 더 살 수 있다고 생각했다면, 난 정말 그렇게 살지는 않았을 것이다. 그때 나 스스로가 늙었다고 뭔가를 다시 시작하기엔 늦었다고 생각했던 것이 큰 잘못이었다.

나는 지금 90세의 나이지만 정신이 또렷하다. 앞으로 10년, 20년을 더 살지 모른다. 이제 나는 내가 그토록 하고 싶었던 어학 공부를 다시 시작하려고 한다. 그 이유는 단 한 가지, 10년 후 맞이하게 될 100번째 내 생일날! 90세 때 왜 아무것도 시작하지 않았는지 후회하지 않기 위해서다. 무엇인가를 다시 시작한다는 것은 그 자체가 희망이다. 무엇을 시작할 수 있다는 것은 행복이며, 어떤 것을 시작하려 한다는 것, 곧 그것이 젊음이다.

- 어느 어른의 수기-

"가장 행복한 시기는 환갑부터"

100세 철학자로 불리는 김형석 연세대 명예교수는 1920년생으로, 상수(上壽)의 반열에 오르셨다. 김 교수는 요즘도 강연과 글쓰기 등으로 바쁜 일상을 보내고 있다. 스타 강사로 지난해 강연 횟수가 160회가 넘는다고 하니, '나이는 숫자에 불과하다'라는 말이 딱 어울린다. 김 교수는 자신의 경험을 토대로 사람들이 생애 주기별로 추구해야 할 것들을 말한다. 그에 따르면 사람의 인생은 크게 0~30세, 30~60세, 60세 이후로 분류된다. 시기마다 추구해야 할 가치가 달라진다. 태어나서 서른 살까지는 나무로 치면 뿌리와 밑동을 키우는 시기다. 김 교수는 서른 살까지는 인생의 근간이 되는 뿌리를 만드는 시기라고 말한다. '앞으로 얼마나 성장할 수 있는가'의 가능성이 결정된다. 무조건 많이 배워야 한다. 이어 평생 어떤 인생을 살고 어떤 직업을 가질 것인지 계획을 세워야 하는 시기다.

60세 이후는 제2의 인생을 시작하는 동시에 열매를 맺는 시기다. 그의 표현에 따르면, 인생의 노른자에 해당하는 시기다. 그는 "60살쯤 되면 철이 들고 내가 나를 믿게 된다. 75살까지는 점점 성장하는 것도 가능하고, 이후로도 노력 여하에 따라 본인의 성취를 유지할 수 있다"라고 했다. 다만 환갑 이후에도 성장하기 위해서는 계속 일하고 책을 많이 읽어야 한다는 조건을 달았다. 김 교수는 친구들과 살면서 가장 행복한 때가 언제였는지에 대해 이야기한 적이 있는데 60~75살이라는 데 의견이 일치했다. '내가 만약 환갑 이후에 늙었다고 그때를 포기하고 놓쳤다면 어땠을까'를 생각하면 아찔할 때가 있다고 하시며, 인생에서 가장 행복한 시기는 바로 60부터라고 말씀하신다.

정년 이후의 삶, 노년의 삶을 노년의 시대라고 한다. 준비되지 않은 노년의 삶은 여생(餘生)이다. 즉, 덤이고 나머지 인생이다. 그리고 힘든 노후를 맞게 될 재앙이라고 할 수 있다. 준비된 노년의 삶, 노후에 대한 대비가 되어 있는 사람에게 여생(麗生)은 축복이라 할 수 있고 찬란한 황혼을 즐길 수가 있다. 100세 시대, 노년의 시대에 어느 어르신은 준비 없이 노년을 맞이했다. 그로 인해 정년 이후에 30년을 덤, 나머지로 살았다. 여느 어르신과 달리 김형석 교수는 정년까지의 근로시간보다 정년 이후의 근로시간이 훨씬 길다. 그래서 지금도 김교수는 화려한 인생을 사는 것이다. 안 죽으면 청춘인 것이다.

나는 사는 동안 내가 할 수 있는 모든 것을 다 했다.

- 조르주 퐁피두(Georges Pompidou)의 묘비명 -

프랑스 대통령을 지낸 조르주 퐁피두의 묘비명이다. 후회 없는 최고의 인생을 살다 간 사람만이 적을 수 있는 인생의 마지막 문장이라는 생각이 든다. '우물쭈물하다가 내 이럴 줄 알았다'는 노벨상 수상작가이자 극작가였던 버나드 쇼(George Bernard Shaw)의 인간적 회한이 담긴 묘비명과 비교하면 더욱 그렇다. 당신은 인생의 마지막 문장을 무어라 쓰고 싶은가?

철이 없다

"저 사람은 철이 없어"라는 말은 나이에 맞지 않는 생각이나 행동을 했을 때 하는 말이다. '철이 없다', '철이 들었다'라는 말은 계절을 뜻하는 단어인 '철'에서 온 말이다. 나이에 맞게 행동을 하는 사람을 철이 들었다고 한다. 한 해는 봄, 여름, 가을, 겨울이라는 4계절이 있다. 예전엔 상대의 나이를 물을 때 "춘추(春秋)가 어떻게 되세요?"라고 묻기도 했다. '인생의 봄, 가을을 얼마나 겪으셨습니까?' 그런 뜻인 것 같다.

네팔 사람들은 힌두교의 영향을 받아 인생을 100세로 설정하고 네 단계로 나눈다. 삶의 첫 계절인 봄은 25세까지다. 이 세상에 태어나 25세까지는 부모에게 배우고 익히고 사회에서 학습하는 시기다. 26~50세까지는 배우고 익힌 것을 활용해 결혼도 하고 자신의 삶을 개척하는 시기다. 자신의 삶을 뜨겁게 사는 여름의 시기다. 그리고 51~75세까지는 자신의 삶을 돌아보는 가을의 시기다. 가장 뜨거웠던 시기를 보내고 조금씩 차분하게 식어가는 자신을 느끼게 된다. 마지막으로 76세 이후의 삶은 자유의 시기다. 나이가 든다는 것은 자유로워진다는 것이다. 즐겁고 자유롭게, 그리고 다른 사람을 위해 살아가는 노년은 아름답다. 그러므로 적어도 75세까지는 현역으로 살아야 한다. 죽을 때까지 현역으로 산다면 최고의 삶이다. 그리고 사람이 자신의 인생을 살면서 나이에 맞게 산다는 것이 쉽지는 않다.

400m 계주 경기에서는 선수 개개인의 100m 달리기 기록뿐만 아니라 바톤 인계 기술이 중요하다. 400m 계주에서는 세 번의 바톤 인계가 이뤄지는데, 그때마다 바톤을 주고받는 두 주자가 규칙을 어기지 않고 최고의 스피드를 유지하면서 바톤 터치를 하는 것이 가장 중요하다. 주자는 규정된 거리를 바톤을 쥐고 달려서 그 바톤을 20m의 테이크 오버(Take over) 존에서 다음 주자에게 넘겨줘야만 한다. 바톤을 떨어뜨리거나 인계가 매끄럽지 못하면 그만큼 늦어지게 되고 바톤을 주고받는 구역을 벗어나면 실격된다.

그중에서 1주자와 3주자는 주로 곡선을 돌게 되므로 코너 웍이 좋은 주자를 배치하고, 마지막 주자는 네 명 중 가장 빠른 선수를 배치하는 것이 일반적이다. 400m 계주에서 바톤 터치하는 20m 테이크 오버 존이 있듯이, 인생의 둘째 마당에서 셋째 마당을 준비해야 한다.

직장인이라면 둘째 마당인 직장에서 퇴직 이후를 준비해야 한다. 그리고 셋째 마당을 훌륭하게 경영을 하기 위해서는 둘째 마당에서 5~6년 정도의 테이크 오버, 즉 준비 기간이 있어야 한다. 물론 준비 기간이 충분하면 할수록 금상첨화다. 그래야 따뜻하고 행복한 겨울을 보낼 수 있고, 화려한 여생(麗生)을 보낼 수 있다.

멋있게 나이 들자

100세 시대에는 새로운 나이 계산법이 있다. 의학과 섭생(攝生)의 지혜, 그리고 운동으로 일궈낸 사람의 신체적·정신적 실제 연령이다. 가령 지금의 80세는 과거 56세, 70세는 49세와 맞먹는 건강과 체력을 갖고 있다는 이야기다. 건강과 능력을 지닌 젊은 70~80대(70X0.7=49세, 80X0.7=56세)는 은퇴를 모른다. 영원한 현역이다. 지금 40~50대들은 실력을 갖추지 못한다면 영영 자기 시대를 못 맞게 될 수도 있다. 미켈란젤로(Michelangelo Buonarroti)가 시스티나 성당의 천장에 '천지창조'라는 벽화를 그릴 당시, 그의 나이는 90세였다. 베르디(Giuseppe Verdi)가 오페라 〈오셀로〉를 작곡했을 때는 80세였으며, 괴테(Johann Wolfgang von Goethe)가 대작 《파우스트》를 완성한 것은 82세였다.

나는 젊지 않다는 것을 압니다. 그러나 나 자신이 늙었다고도 하지 않아요. 나는 다만 102년 동안 성숙했을 뿐입니다. 왜냐하면, 성숙이란 연륜과 함께 오는 것이기 때문입니다.

- 해리 리버맨(Harry Lieberman) -

해리 리버맨은 자신의 22회 전시회에서 이렇게 말했다. "나는 내가 백두 살이라고 말하지 않겠습니다. 다만 102년의 삶을 산만큼 성숙하다고 할 수 있지요. 예순, 일흔, 여든, 혹은 아흔 살 먹은 사람들에게 저는 이 나이가 아직 인생의 말년이 아니라고 이야기해주고 싶습니다. 몇 년이나 더 살 수 있을지 생각하지 말고, 내가 어떤 일을 더 할 수 있을지 생각해보세요. 무언가 할 일이 있는 것, 그게 바로 삶입니다!"

새싹은 봄에만 피어나는 것이 아니다. 해바라기는 여름에 피어나고, 국화는 가을에 피어난다. 그리고 보리의 새싹은 한겨울에 피어난다. 야구에는 '투 아웃부터'라는 말이 있다. 9회 말 투 아웃부터 시작해서 짜릿한 역전승을 거두는 묘미에 야구를 즐기는 사람이 많다. 8회까지 아무것도 보여준 게 없는 팀도 9회 말 투 아웃부터 시작해서 한순간의 기회를 자기 것으로 만든다면 승리할 수 있다.

'야구 몰라요?'라는 말은 '포기하지 않고 끈질기게 도전하면 성과를 얻을 수 있다'라는 뜻일 것이다. 마찬가지로 우리의 인생 또한 젊음과 늙음에 상관이 없다. 포기하지 않고 끝까지 생각하고 행동하는 사람만이 최후의 승자가 될 수 있다. 그래야 조르주 퐁피두처럼 당신 인생의 마지막 문장을 멋들어지게 쓸 수가 있다.

동네 뒷산의 자화상

뒷산의 자화상

아침에 동네 뒷산에 올라가면 나이 드신 분들이 건강을 위해 열심히 운동하는 모습을 쉽게 볼 수 있다. 몸풀기 체조, 아령, 벤치프레스, 철봉, 턱걸이 등 다양하게 운동을 하고 있다. 운동을 열심히 하다 보니젊은이 못지않은 체력을 자랑한다. 그런데 그 체력을 주체할 수가 없다. 그 체력을 써먹을 데가 없다는 것이 문제가 된다. 그리고 집에 가봐야 반기는 사람도 없고 눈치만 보이고 딱히 갈 곳이 없으니, 노닥거리면서 이야기꽃만 피우고 만다.

도시 어르신들의 삶보다 시골 어르신들의 삶의 질과 행복지수가훨씬 높다고 한다. 이유는 도시 어르신들은 일하고 싶어도 일이 없어서 못 하기 때문이다. 갈 곳도 없고, 오라는 데도 없다. 친구도 없다. 일도 없다. 일을 못 하니 재미가 없다. 하루하루를 의미 없이 보내니 지옥과 같다.

어르신들 역시 무언가를 하고 싶다거나 목표가 있을 것이다. 하지만 생각에 그칠 뿐, 행동으로 실천하지 못한다. 이 생각이라는 것은 전략이 있어야 한다. 전략은 생존하기 위한 먹거리 활동이다. 생각하라! 열심히 사는 것도 중요하다. 그러나 똑똑하게 사는 것이 더 중요하다. 그리고 먹거리를 찾으려면 생각을 해야 한다. 그것도 나름대로 전략이 있어야 한다. 모든 생명체 즉, 살아 있는 것들은 전략이 있게 마련이다.

사랑하면 알게 되고 알게 되면 보이나니 그때 보이는 것은 전과 같지 않다.

- 유한준 -

아는 만큼 보인다

어린아이에게 금덩이와 맛있는 과자를 앞에 두고 선택하라 한다면, 아마도 자기한테 소용없는 금덩이보단 맛있는 과자를 손에 들고 행복해할 것이다. 금덩이를 팔아서 과자를 산다면 평생 먹을 과자를 살 수도 있을 텐데 말이다. 어린아이는 금의 가치를 모르기 때문에 눈앞의 이익인 과자를 선택하게 되는 것이다. 세상의 이치는 아는 것만큼 보이고, 보이는 것만큼 기회를 잡을 수 있다. 과자를 선택하는 어린아이처럼 많은 사람들, 특히 직장인들이 현실에 얽매여 너무 근시안적인 것 같다. 사람은 매 순간 무엇인가를 선택하면서 살아가게 된다. 선택의 순간마다 올바른 선택을 하느냐, 못하느냐는 자신의 실력에 달려 있다. 실력이 있는 사람은 좋은 선택을 하고, 그 선택으로 성공 확률을 높이게 된다.

어떻게 하면 세상살이에 대한 지혜, 안목을 갖출 수 있을까? 이 막연한 물음에 대한 해답은 다양한 학습과 경험에 의해서 내공을 쌓아야 한다는 것이다. 사람은 아는 만큼 느낄 뿐이며, 느낀 만큼 보인다. '알면 곧 참으로 사랑하게 되고, 사랑하면 참으로 보게 되고, 볼 줄 알게 되면 모으게 되니 그것은 한갓 모으는 것은 아니다(知則爲眞愛 愛則爲眞看 看則畜之而非徒畜也).' 이는 정조 때의 문장가인 유한준(1732~1811)이 당대의 수장가였던 김광국의 화첩《석농화원》의 부친 발문에서 인용한 것이다. 이를 유홍준 교수가《나의 문화유산답사기》에서 '사랑하면 알게 되고, 알면 보이나니, 그때 보이는 것은 전과 같지 않으리라'라고 인용했다. 정말 맞는 말이다. 사람은 아는 것만큼 느끼고 느낀 것만큼 볼 수 있다. 그리고 자기가 보지 못한 세상은 생각할 수 없다.

우물 안 개구리

'정저지와(井底之蛙)', 즉 '우물 안의 개구리에게는 바다를 말해줄 수 없다'는 뜻으로, 《장자(莊子)》에 나오는 말이다. 내가 보는 세상이 가장 크고, 내가 알고 있는 세상이 가장 위대하고, 내가 뛰고 있는 시간이 가장 빠르다고 생각하는 사람이 많다. 자신이 우물 속에서 보는 하늘이 전부라고 생각하는 사람에게는 진짜 하늘을 설명할 수 없다. 우물 속에 있는 개구리에게는 바다에 관해 이야기해도 무슨 말인지 모른다. 개구리는 자신이 사는 우물이라는 공간에 갇혀 있기 때문이다. 또한 한여름만 살다가는 여름 곤충에게는 찬 얼음에 대해 이야기해도 못 알아듣는다. 다시 말하면 편협한 사람에게는 진정한 도의 세계를 설명해줄 수가 없다. 그 사람은 자신이 알고 있는 지식에 묶여 있기 때문이다.

장자는 이 고사를 통해 세 가지의 집착과 한계를 파괴하라고 충고하고 있다.
첫째, 자신이 속해 있는 공간을 파괴하라.
둘째, 자신이 살아가는 시간을 파괴하라.
셋째, 자신이 알고 있는 지식을 파괴하라.

즉, 우물 안에 있는 개구리는 공간에 구속되어 있고, 여름 곤충은 시간에 걸려 있고, 사람은 자신이 알고 있는 지식만큼의 그물에 걸려 있다는 것이다. 많은 사람들이 이 세 가지 그물에 걸려 있는 경우가 많다. 알량한 학벌과 지식으로 누구의 말에도 귀 기울이지 않는 지식의 그물, 좁은 회사와 연줄에 얽혀 있는 공간의 그물, 눈앞의 이익만 생각하고 멀리 내다 볼 줄 모르는 시간의 그물. 이런 그물들을 걷어내지 않는다면 진정한 고수가 되기 어렵다.

생존하는 것은 강한 종도 아니고 지적인 종도 아니다.
변화에 가장 적응을 잘하는 종이 생존한다.

- 찰스 다윈(Charles Robert Darwin) -

살아 있는 것들은 전략이 있다

끝없는 초원이 펼쳐지는 아프리카의 사바나는 조용하고 평화롭다. 초원은 매 순간 역동적이고 흥미로운 것으로 가득한 이미지가 있지만, 실제 초원은 막막할 정도로 조용하다. 하지만 이 조용함 속에서 역동적인 장면은 순간순간 전개된다. 그리고 같은 공간과 같은 시간 속에서 살아가는 동물들은 어떻게든 '살아 있음'을 만들어내야 한다. 이 생태계에서 제대로 살아가려면 자기만의 자리, 나만의 영역이 꼭 필요하다. 생태학에서는 '니치(Niche)', 경영학에서는 '포지셔닝(Positioning)'이라고 하는 이 자리 잡기는 어느 생명체에게도 예외가 없다. 이것을 니치 전략이라고 한다. 서벌(Serval)은 사자, 호랑이, 표범, 치타, 재규어처럼 고양잇과 동물인데, 다른 고양잇과 동물들이 그렇듯 나름대로 자기 영역을 구축한 '살아 있음'의 강자다. '살아 있음'의 강자는 크고 무서운 존재만이 아니라, 작고 볼품없어도 자신만의 확실한 생존 전략을 개발한 덕분에 잘 살아가는 생명체다.

생존 전략은 기본적으로 세 가지를 필요로 한다.

첫째, 자신이 속한 생태계를 치밀하게 파악하라!

- 자신이 속한 전체 영역의 파악

현재 나의 위치, 포지션을 정확하게 알아야 한다. 그래야 무엇을, 어떻게 바꿔야 할지 방향을 설정할 수 있기 때문이다.

둘째, 무엇을 먹고살 것인가를 정하라!

- 주력 분야의 결정

과거의 것, 그리고 자기에게 맞지 않은 것은 과감히 내려놓을 줄 알아야 한다. 그래야 방향을 바꿀 수 있다.

셋째, 그에 맞게 철저하게 자기 변화를 하라!

- 필요한 핵심역량의 개발

자기 변화를 하려면 무조건 움직여야 한다. 좌충우돌 움직이면 불가능(Impossible)을 가능(I'm possible)으로 바꿀 수 있다.

예를 들어, 사자는 커다란 몸집과 이빨, 그리고 발톱을 핵심역량으로 선택했다. 하지만 몸집을 키우면 순발력이 떨어지게 마련이기에, 사자들은 무리를 지어 사는 생존 전략, 즉 협력을 핵심역량으로 개발해 약점을 극복한 덕분에 초원의 제왕이 될 수 있었다. 사자가 초원을 장악해버리자 표범은 다른 전략을 개발할 수밖에 없었다. 표범은 사자들과 일정 영역을 공유하되, 사자들이 범접하지 못하는 자기만의 확실한 영역을 개발해 자기만의 삶을 유지해오고 있다. 나무 타기를 통해 수평이 아닌 수직 차원의 높은 공간을 자신의 영역으로 삼은 것이다. 자기보다 두 배, 세 배나 무거운 먹이를 가지고 나무 위로 올라가버리면 제아무리 사자라도 어쩔 수가 없다. 치타는 어떨까? 치타는 지상 최고의 속도를 개발해 자기만의 삶의 터전을 마련했다. 같은 영역 안에서도 서로 다른 차별화된 전략으로 각자 생존에 성공한 것이다.

우리는 흔히 강한 자만 살아남는 약육강식의 논리가 세상을 지배한다고 생각한다. 하지만 자연은 빠르고 세고 큰 것만이 강자가 아님을 증명한다. 강한 적응력으로 자신만의 분명한 생존 전략을 만들어낸 생명체를 강자로 인정한다. 변화무쌍하고 역동적인 세상에서 자신만의 독특한 전략을 찾아내는 방법, 약육강식을 넘어 살아 있음의 강자는 자신만의 확실한 적자생존의 전략을 개발했기 때문에 가능하다.

살아 있는 생명체는 먹어야 산다. 먹지 않으면 죽는다. 그러므로 죽을 때까지 먹이 활동을 해야 한다. 먹이 활동을 멈춘다는 것은 곧, 죽음을 의미한다. 사람도 생명체다. 그러므로 죽을 때까지 먹이 활동을 하지 않으면 죽은 목숨이나 마찬가지다. 사람의 먹이 활동은 일을 하는 것이다. 부모한테서 많은 재산을 물려받은 금수저이거나 젊을 때 노력해서 먹고살거리를 장만한 사람은 먹이 활동을 하지 않고 놀고먹을 수도 있다. 하지만 좋아할 일만은 아니다. 놀고 먹는다는 것은 성취감, 자기만족, 즐거움을 느낄 수가 없다는 의미이기도 하다. 열심히 일한 후에 먹는 음식은 정말 맛있고 소화도 잘된다. '열심히 일한 자여 떠나라'라는 말이 있듯이, 열심히 일한 후의 휴식은 즐겁고 유익하고 심신의 피로를 풀어준다.

살아 있는 생명체가 먹이 활동을 멈춘다는 것은 곧 죽음을 의미한다. 그러므로 죽을 때까지 먹이 활동을 해야 한다. 사람도 생명체다. 은퇴를 한다는 것은 논다는 것을 의미한다. 논다는 것은 일을 안 한다는 것이고, 그것은 먹이 활동을 멈추는 것이다. 먹이 활동을 멈추는 것은 곧 죽음을 의미한다. 그러므로 사람은 죽을 때까지 은퇴란 있을 수가 없다.

꿈과 희망 사이

가장 훌륭한 시는 아직 씌여지지 않았다. 가장 아름다운 노래는 아직 불리지 않았다. 최고의 날들은 아직 살지 않은 날들, 가장 넓은 바다는 아직 항해되지 않았고, 가장 먼 여행은 아직 끝나지 않았다. 무엇을 해야 할지 더 이상 알 수 없을 때, 그때 비로소 진정한 무엇인가를 할 수 있다. 어느 길로 가야 할지 더 이상 알 수 없을 때, 그때가 비로소 진정한 여행의 시작이다.

- 나짐 히크메트(Nazim Hikmet) '진정한 여행' -

구두닦이 김맹호

　나이를 먹었다는 것, 나이 들었다는 것, 늙었다는 것은 간절함이 없어지는 것이다. 여기서 간절함이란 꿈이라고 할 수 있다. 간절함이 없다는 것은 꿈이 없어지는 것이다. 그날이 그날 같고 재미도 없고 사는 것이 지루하게 된다. 꿈이 없는 인생은 죽지 못해 사는 인생이라고 할 수 있다. 그런 삶이 무슨 의미가 있겠는가? 아침에 일어나서 '오늘은 무엇을 할까?' '오늘은 무엇을 하지?' 하는 소소한 생각, 그것이 꿈이다. 나이를 먹는다는 것은 그런 소소한 꿈도 없어진다는 것이다. 그냥 다람쥐 쳇바퀴 돌듯이 아무 생각 없이 하루를 맞이하는 것, 그것이 늙었다는 것이다.

　오래전에 사무실 근처에 자주 가던 목욕탕이 있었다. 동네 구석에 있는 작은 목욕탕이어서 그 목욕탕에서 일하는 사람들의 수입이 일정하지가 않았다. 그래서 일하는 사람들이 자주 바뀌었다. 특히 구두 닦는 사람들이 수시로 바뀌었는데 꼴에 보증금도 있었다. 어떤 구두닦이는 보증금 때문에 그만두고 싶어도 그만두지를 못했다.

　그때 만난 자칭 신정 김씨 시조(신정동에서 김씨로 등록했다고 함) 김맹호 씨가 생각난다. 초등학교도 제대로 졸업하지 못했던 그 구두닦이는 고객 만족과 예절 교육을 제대로 배운 것 같았다. 인사도 잘하고, 친절하고, 말도 잘하고, 유머감각도 있어서 목욕탕에 오는 손님들을 즐겁게 해주었다. 김맹호 씨 덕분에 목욕탕 손님도 늘었다. 손님들은 목욕탕에 들러 구두도 닦았고, 음료수도 마셨다. 김맹호 씨는 한마디로 목욕탕 손님들을 자신의 충성고객으로 만들었다. 1년 남짓 일을 하면서 본인의 빚도 청산하고 약간의 돈도 저축할 수 있게 되었다.

그런데 어느 날, 김맹호 씨가 목욕탕을 떠난다고 하는 것이 아닌가. 단골 고객과 목욕탕 주인이 섭섭해서 붙잡고 만류해보지만, 그 친구의 고집을 꺾을 수가 없었다. 김맹호 씨와 정도 들고 해서 이별주를 한잔하게 되었다. 삶의 터전도 괜찮고, 수입도 좋은데 왜 떠나려고 하는지 물어보았다. 그는 서울 생활이 재미가 없고, 재미가 없으니 꿈도 없게 되었다고 한다. 그래서 문경 옆에 있는 작은 도시 점촌으로 떠난다고 하는 것이 아닌가! 그는 자신의 꿈을 위해 삶의 터전을 바꾸려고 했다. 그래서 경북 점촌에 삶의 터전을 잡았다는 것이다. 물론 사전에 작은 구두닦이 부스를 내서 구두도 닦고, 구두도 팔고 수선도 하겠다는 구체적인 계획을 세우고 준비했다. 그 친구가 떠날 때 뒷모습이 너무도 당당하고 멋있어서 부러웠다. 나도 같이 떠나고 싶었지만 떠날 수가 없었다. 나도 철저히 준비해서 서울을 떠나겠다 마음을 먹었지만 지금도 떠나지 못하고 있다.

꿈과 희망 사이

모든 길은 열려 있습니다. 수많은 길이 있지만 내가 걸어가야 길이 되어줍니다. 아무리 좋은 길도 내가 걸어가지 않으면, 잡초가 무성한 풀밭이 되고 맙니다. 막힌 길은 뚫고 가면 되고, 높은 길은 넘어가면 되고, 닫힌 길은 열어가면 되고, 험한 길은 헤쳐가면 되고, 없는 길은 만들어가면 길이 됩니다. 길이 없다 말하는 것은 간절한 마음이 없다는 뜻입니다.

-유지나 '길'-

이탈리아 베네치아의 구겐하임 미술관 별관 벽에는 다음과 같은 글귀가 붙어 있다.

"장소를 바꾸고, 시간을 바꾸고, 생각을 바꾸면 미래가 바뀐다 (Changing Place, Changing Time, Changing Thought, Changing Future)."

여기에다 '꿈을 바꾸면 모든 것이 바뀐다'라는 글을 넣으면 정말 좋을 듯하다. 구두닦이인 김맹호 씨는 자신의 꿈을 위해 삶의 장소도 바꾸고, 삶의 터전도 바꾸고, 생각도 바꾸고, 도전해서 자신의 미래도 바꾸었다. 지금은 점촌에서 제법 큰 식당을 운영하며 경제적인 여유를 갖고 생활하고 있다.

인생은 드라마

인생은 드라마(DRAMA)다. 자기 자신이 드라마의 시나리오를 쓰고 연출하고 무대에 올라 연기를 한다. 당연히 주인공은 자기 자신이어야 한다. 인생의 드라마(DRAMA)란, Dream(꿈), Romance(사랑), Action(행동), Mystery(호기심), Adventure(모험심)이다. 이 다섯 개의 단어 속엔 인생이 오롯이 담겨 있다. 꿈과 사랑이 없는 인생을 한번 상상해보라. 얼마나 삭막하겠는가? 꿈을 꾸어라! 이왕이면 큰 꿈을 꾸어라. 그러나 결코 환상은 안 된다. 꿈, 목표는 현실적이어야 한다. 그리고 꿈을 실현시키기 위해서는 도전하고 실천해야 한다. 꿈이 있고 목표가 분명한 사람은 실패하지 않는다. 행동은 살아 있음의 징표이며, 호기심을 잃어버리는 순간 사람은 늙는다. 오늘이란 누구도 살아본 적 없는 초행길이다. 이 전인미답(前人未踏)의 길을 가는 것이 곧 모험인 것이다. 그리고 인생이 드라마라면 그 드라마의 주인공은 바로 당연히 자기 자신이어야 한다.

"인생은 B(birth)로 시작해서 D(death)로 끝난다"라는 사르트르(Jean Paul Sartre)의 말대로, 모든 사람은 태어난 순간부터 한 시도 멈추지 않고 죽음을 향해 돌진하고 있다. 절망할 수밖에 없는 우리에게 다행스러운 것은 신은 B와 D 사이에 C(choice)를 주셨다는 사실이다. 사람은 눈을 감는 순간까지 수많은 선택(choice)을 하며 살아간다. 한순간도 멈추지 않고 끊임없이 선택의 기로에 서게 된다. 좋은 선택, 올바른 선택이 쌓이고 쌓여 우리의 삶과 미래는 성공이라는 결실을 맺게 된다. 선택의 순간, 올바른 선택을 하느냐 못하느냐는 자신의 능력에 달려 있다. 좋은 기회를 잡느냐 못 잡느냐 하는 것도 내가 얼마나 알고 있느냐에 달려 있다. 그러므로 선택을 잘하기 위해서는 내공을 쌓아야 한다. 선택은 그동안 쌓은 훈련과 경험의 결과다. 그런 사람이 내공이 있는 사람이고 고수다. 고수는 좋은 선택을 하고 그 선택으로 성공할 확률이 높아진다. 운은 불확실의 요소이지만 내공이 있으면 유리한 확률 게임으로 가져올 수 있다.

이 세상에서 가장 아름다운 사람은 도전(Challenge)하는 사람이다. 뜻이 있는 곳에 길이 있고, 도전할 때 불가능한 일도 길이 보이기 시작한다. 어리석은 사람은 희망 속에서 절망을 보나, 현명한 사람은 절망 속에서 희망을 캔다. 지금부터 꿈을 꾸자! 꿈은 이루어진다. 꿈은 늙지 않는다. 꿈을 꾸는 사람은 늙지 않는다. 나이를 먹으면 점점 꿈이 없어진다. 꿈이 없어지면 금방 늙게 된다. 지금부터 새로운 꿈을 꾸어라. 그리고 그 꿈을 사람들에게 이야기하라. 그러면 도움을 줄 사람이 나타난다. 꿈을 꾸는 사람은 날마다 새롭게 태어난다. 신이 인간에게 준 가장 큰 축복은 내일을 베일로 가려놓은 것이다. 아무도 알 수 없는 내일이 있기에 우리는 날마다 새로운 꿈을 꾸고 희망을 가질 수 있다. 그런데 꿈을 현실로 만들려면 인내와 고통의 시간을 투자해야 한다. 인생은 B에서 D로 끝난다고 하지만, 그 D가 죽음(Death)이냐, 아니면 꿈 (Dream)이냐 하는 것은 그 사람이 어떻게 도전(Challenge)하느냐에 달려 있다. 그러므로 성공이라는 꿈을 꾸어라! 성공에 대한 갈망과 욕구를 한마디로 이야기하면 꿈이요, 비전이라고 할 수 있다. 그리고 꿈은 희망을 부른다.

자신의 한계를
인정하라

가끔 나의 모습을 생각하면서 살자

우리 주변에는 자신의 능력으로는 절대로 이룰 수 없는 것에 매달리다가 낭패를 보는 사람이 많다. 예를 들면, 자기 자신을 과신해서 직장에 사표를 던지고 사업을 하다가 실패를 보는 사람, 실력은 없는데 자신의 화려한 스펙만 자랑하다 창피를 당하는 사람, 이런 사람들은 자신의 한계를 모르기 때문에 이런 결과를 초래하게 된다.

중세 로마 시대에 전쟁에서 승리한 장군에게 이를 칭송하는 개선식이 벌어졌다. 환호하는 시민들 사이를 가로질러 개선 행진은 장군이 로마인으로서 가질 수 있는 최고의 영광이었다. 그래서 개선식 하루만큼은 장군이 에트리아 관습에 따라 네 마리의 백마가 이끄는 전차를 타는 신이 된다. 그런데 신으로 추앙받는 장군 옆에는 노예 한 명이 서 있다. 그리고 이 노예는 개선식이 진행되는 동안 끊임없이 이런 말을 속삭인다.

"그대는 죽어야 한다는 사실을 명심하라(Memento moriendum esse)."
"그대는 인간이라는 사실을 명심하라(Memento te hominem esse)."

장군은 이날 인간으로서 최고의 영예를 얻고 자신이 마치 신이 된 듯한 착각에 빠지게 된다. 하지만 장군도 언젠가는 죽는 인간의 운명이 기다리고 있다. 그러므로 교만에 빠지지 말고 자신의 한계를 명심하라는 경고를 하는 것이다.

"지혜란 자신의 한계를 인정하는 것이다."

- 최인철 《프레임》 -

'자신의 한계를 정확히 알 때 나는 이것은 안 되는구나, 그럼 이것 말고 내가 할 수 있는 다른 것은 무엇인가?' 하고 그때부터 비로소 나만이 할 수 있고, 나만이 이룰 수 있는 것에 집중하게 될 것이다. 나의 모습, 나의 현상, 나의 경쟁력, 자신의 한계, 자기분석 등 자신을 제대로 알기 위해 스스로를 냉정하게 평가를 할 필요가 있다. 마이클 포터(Michael Eugene Porter)는 "비즈니스에서의 힘은 자원이 아니고 능력이다"

라고 말한다. 학벌, 재산, 외모, 말솜씨, 체력, 나이, 문장력, 판단력, 성격, 경험, 외국어 능력, 매너 등은 자원이다. 돈을 투자해서 많은 돈을 버는 것은 능력이다. 문장력을 활용해서 소설을 한 편 쓰는 것은 능력이다. 학벌에 대한 기대치에 걸맞은 업무성과를 올리는 것이 능력이다. 나의 모습, 나의 한계를 파악하는 목적은 남과 자신을 비교해서 자기비하, 자기폄하, 열등의식을 가지라는 것이 아니다. 자원이 많다고 자랑할 일도 아니고, 자원이 적다고 낙담할 일도 아니다. 자원이 많고 풍부하다고 해도 능력으로 계발되지 않으면 아무 소용이 없다. 자원이 풍부한 사람 중 의외로 많은 사람이 자신이 가진 자원만 믿고 혹은 자원이 주는 과실만 따 먹고 자기 능력계발을 소홀히 하는 사람이 많다.

> 모든 사람들이 세상을 바꾸겠다고 생각하지만, 어느 누구도 자기 자신을 바꿀 생각은 하지 않는다.
>
> – 레오 톨스토이(Leo Tolstoy)-

제갈공명과 사마의

《삼국지》의 진천 싸움에서 제갈공명과 사마의가 전쟁을 하기 위해 대치를 한다. 촉의 제갈공명은 5만 병력으로 공세를 취했지만, 위의 사마의는 20만 대군으로도 성에서 수비만 하고 싸우려 하지 않았다. 그래서 제갈공명은 사마의가 여자같이 집만 지키고 있다고 갖은 야유를 한다. 심지어는 여자들 옷가지와 머릿수건 등을 갖다 주면서 자극하고 조롱했지만, 그래도 꿈쩍 않고 싸우려 들지 않았다. 제갈공명은 계속된 원정의 피로감을 이기지 못하고 오장원에서 죽고 만다. '죽은 제갈공명이 산 사마의를 물리치다'라는 유명한 일화를 남겼지만, 결국 천하는 사마의가 통일한다. 사마의의 승자의 변은 "나는 제갈공명한테는 안 된다. 제갈공명과 싸우면 무조건 진다. 그것을 알고 싸운다는 것은 무모한 짓이다." 원정군의 피로감도 없고, 비교가 안 되는 병력과 물자, 그리고 제갈공명에 버금가는 지혜를 가진 사마의가 자신의 권위와 자존심을 버리고 수성만 한다. 그래도 결국 승리는 사마의가 쟁취할 수 있었다. 사마의는 제갈공명한테는 안된다는 인정하고 싶지 않은 자신의 한계를 정확히 알고 있었기 때문에 승리할 수 있었다고 일갈한다.

김용옥 교수는 다양한 분야에 해박한 지식을 갖고 있다. 그런데 강의 중에 가끔 '그', '에' ,'저'라는 말을 하는 습관이 있다. 필자가 강의 중에 교육생에게 김용옥 교수의 습관, 버릇에 대해서 질문을 던져보았다. 교육생들은 다양한 답을 쏟아냈다. 교육생이 못 알아 들어서, 답답해서, 교수님이 성질이 더러워서, 교육생들을 강의에 집중시키기 위해서, 강의 스킬 등 다양한 이야기가 나왔다. 필자가 볼 때는 김용옥 교수가 강의하다가'그', '에' ,'저' 하는 버릇은 시간 끌기가 아닌, 강의를 하다가 뒷말이 생각이 안 나서 그런 것 같다.

사람은 아는 것만큼 느끼고, 느낀 것만큼 볼 수 있다. 자기가 보지 못한 세상, 자기가 경험하지 못한 세상은 절대 생각할 수도 없고 그림을 그릴 수도 없다. 마찬가지로 필자가 김용옥 교수의 버릇을 볼 수 있었던 것은 나도 강의 중에 그런 버릇이 나오기 때문이다. 급변하는 외부환경에 대응해서 살아남으려면 가끔은 자기 자신을 돌아보고 자신의 한계를 정확하게 아는 것도 대단히 중요하다. 김용옥 교수는 지금도 강의 습관을 고치지 못하셨다. 그만큼 자기 자신을 인지하고 바꾼다는 것은 쉽지가 않다. 삶은 다양한 난관의 연속이다. 그리고 그 난관을 극복하고 해결해야만 한다. 자신에게 닥친 난관은 자신이 해결하지 않으면 안 된다. 그러나 많은 사람이 해결하려고 하기보다는 회피하거나 우회하려고 한다. 우회나 회피는 스스로 자기 자신에게 삶의 한계를 만들어가는 것이다.

곳간의 쥐와 변소의 쥐

초나라 상채 출신의 이사는 젊은 시절, 지방 관청의 하급 관리로 일하고 있었다. 그는 관청 변소의 쥐들이 작고 좁고 더러운 변소에서 더러운 것을 먹다가 더러 사람이나 개가 가까이 다가오는 인기척이라도 나면, 두려워 벌벌 떨고 놀라 달아나는 모습을 자주 지켜보았다. 그런데 창고의 쥐들은 크고 넓고 먹을거리가 가득 쌓인 창고에서 입에 맞는 것을 멋대로 넉넉하게 먹으면서, 사람이나 개가 가까이 다가가도 안중에도 두지 않고 여유롭게 사는 것이 아닌가.

이 모습을 지켜보던 이사는 크게 탄식하며 이렇게 말했다.

"사람이 어리석고 궁색한 것과 현명하고 여유로운 것을 비유하자면 마치 변소의 쥐나 창고의 쥐와 같구나. 자신이 처해 있는 환경과 처지에 따라 달라지는 것일 뿐이구나." 이사는 변소의 쥐와 창고의 쥐에 비교해 사람의 가난함과 궁색함, 그리고 부유함과 여유로움의 차이는 그 사람의 처지와 환경에 달려 있을 뿐이라는 사실을 깨우친 것이다.

사람이 가난하면 마치 변소의 쥐처럼 마음이 궁색해져서 평생 남의 눈치나 보며 비굴하게 살아야 하지만, 부유한 사람은 마치 창고의 쥐처럼 마음이 넉넉하고 여유로워서 자신이 뜻한 대로 마음껏 살 수 있다. 세상에서 잘났다고 대접받는 사람과 못났다고 멸시당하는 사람의 차이는 그 사람의 재주와 재능과 지혜가 아니라 그 사람이 어느 자리에 있고, 어떤 처지에 놓여 있는가에 따라 달라질 뿐이라는 사실을 깨닫게 된다.

그래서 이사는 즉시 아무런 미련 없이 지방 관청의 하급 관리를 내

던지고, 당대 최고의 학자였던 순자를 찾아가 천하를 다스리는 제왕의 기술을 배우고 익혔다. 이사가 제왕의 기술을 배우고 익힌 까닭은 오직 천하제일의 부귀와 권력을 거머쥐고 있는 제왕에게 유세해 중용된 다음, 창고의 쥐처럼 권세와 부귀영화를 누리며 살겠다는 데 뜻을 두었기 때문이다. 그래서 공부를 마친 이사는 자신의 고향인 초나라를 버리고 당시 가장 부유하고 강성한 나라였던 진나라의 제왕(훗날의 진시황)을 찾아가기로 결심하고 순자에게 작별인사를 드리러 갔다. 이때 역시 이사는 자신의 뜻을 이렇게 밝혔다.

"사람으로서 가장 부끄럽게 여겨야 할 일은 지위가 낮은 것이고, 사람으로서 가장 슬퍼해야 할 일은 경제적으로 궁핍한 것이다. 오랜 세월 지위가 낮고 경제적으로 궁핍한 처지에 있으면서도 부귀를 비난하고 이익과 영화를 미워하는 것은 스스로 아무것도 하지 않는 것일 뿐이다."

인생 게임의 승부는 자원이 아니라 자원을 쓸 수 있는 능력에 달려 있다. 능력이 아닌 남들보다 아주 약간 모자라는 자원 때문에 많은 사람들이 노력해보지도 않고 자신을 낮추고, 열등의식에 사로잡히는 오류를 범하고 있다. 현재의 나의 모습, 나의 한계를 가끔 생각해보는 것은 자기비하가 아닌, 자신의 경쟁력을 강화하기 위한 것이라는 것을 명심해야 한다. 지금부터 스펙 쌓기는 그만하고 무림, 강호에서 통할 수 있는 내공 쌓기에 열중해야 한다.

스펙과 내공 사이
– 절정의 고수가 돼라

직장인들이 직장을 떠나면 무엇을 해야 하나 고민하게 된다. 직장인이 직장을 떠난다는 것은 곧 죽음을 의미한다. 절대 과장된 말이 아니다. 그리고 막막함의 절벽에 부닥치게 된다. 막막함이란 무엇인가? 아무것도 모른다는 것이고, 할 수 있는 것이 아무 것도 없다는 의미다. 할 수 있는 것은 오직 회사에서 하던 업무밖에 없다는 것이다. 그리고 유통기한이 지난 스펙으로 버티고 있었다는 것을 그때 깨닫게 된다.

주홍글씨

나다니엘 호손(N.Hawthorne)의 소설 《주홍글씨》는 17세기 미국 식민 시대를 배경으로 북부 잉글랜드를 무대로 하고 있다. 청교도들에 의해 개척된 보스턴은 계율이 엄격하기 짝이 없는 곳이어서, 간통죄를 범한 자는 가슴에다가 'A'라고 하는 주홍글씨의 낙인을 찍고, 모든 사람들 앞에서 형벌을 받아야만 했다.

뉴잉글랜드 어느 형무소에서 그다지 멀지 않은 장소에 교수대가 있었다. 그 교수대 위에 한 젊은 여자가 많은 구경꾼에 둘러싸여 있었다. 어린아이를 가슴에 안고 있는 그녀의 옷깃에는 곱게 수놓은 진홍 빛 A자가 달려 있다. A는 간통(Adultery)의 머리글자다. 헤스터 프린은 자신보다 훨씬 연상인 학자와 결혼해서 그녀 혼자 먼저 식민지로 왔다. 남편은 지금까지의 일을 정리하기 위해 암스테르담에 남아 있었다. 그러나 곧 그녀의 뒤를 따라올 예정이었던 남편은 언제까지나 나타나지 않았으며, 소식마저 없어 '죽지나 않았나' 생각될 정도였다. 그동안 그녀는 지금 가슴에 품고 있는 어린아이를 낳은 것이다. 남편이 없는 동안에 낳았기 때문에 불륜의 자식임이 틀림없었다. 엄격한 청교도들은 그녀를 간통죄를 범한 여인으로서 형무소에 넣고 재판을 한 결과, 다음과 같은 선고를 내렸다. 그녀 헤스터 프린으로 하여금 불륜으로 잉태한 자식과 더불어 교수대 위에 3시간 동안 세워둠으로써 뭇사람들의 구경거리가 되도록 한 뒤, 한평생 죄의 표지인 A라는 글자를 가슴에 달고 살도록 한다는 것이다.

헤스터가 간통한 상대는 누구였을까? 아무리 엄격히 신문해도 그녀는 상대방 남자의 이름을 밝히지 않았다. 그는 마을 사람들의 존경을 한 몸에 받고 있던 학식 많은 청년 목사 딤즈데일이었던 것이다. 딤즈데일은 원래 헤스터와 같이 형벌을 받아야 하지만, 헤스터가 그의 이름을 밝히지 않았기 때문에 재판을 받지 않았다. 그에게는 스스로 자수하고 형벌을 받을 만한 용기가 없었다. 그러나 하나님의 길을 설교하고 사람들의 모범이 될 목사인 자기가 그러한 과오를 범했다는 것을 생각하면, 죄의식에 시달려 밤잠도 제대로 이루지 못하고 점차 쇠약해져갔다.

그러는 동안, 오랫동안 행방불명이었던 헤스터의 남편이 미국으로 건너왔다. 하지만 그는 오는 동안 너무나 고생한 나머지 몰라볼 정도로 변해 있었다. 마을에 도착한 그는 사랑하는 아내의 간통 사실을 알고 상대 남자에게 복수할 것을 결심한다. 그는 이름을 칠리 워드로 바꾸고, 의사로서 그 마을에 머물렀다. 그리고 목사 딤즈데일과 헤스터와의 관계를 알아내고, 딤즈데일에게 음험한 복수를 가하려 한다. 그러나 그의 복수가 성공하려 할 때 양심의 가책을 견디지 못한 딤즈데일은 군중 앞에서 헤스터의 손을 잡고 자기의 죄를 고백한다. 젊은 목사 딤즈데일, 숭고한 정신과 깊은 학식과 인류애와 유창한 웅변의 소유자인 그는, 바로 그러한 명성 때문에 심판대 위에 서기를 두려워한 것이다. '모든 사람들 앞에 죄를 고백하느냐?', 그렇게 되면 성직자의 지위가 하루아침에 무너진다. '죄를 계속 숨기느냐?', 그러자니 양심이 괴롭다. 딤즈데일 목사는 자기 죄를 고백하지만, 죄를 고백한 딤즈데일 목사는 그 자리에서 숨지고 만다. 회개와 고백, 이로 말미암아 그의 영혼도 구원받았다고 보아 마땅할 것이다. 헤스터는 나머지 생애를 이웃에 대한 봉사와 속죄를 통해 얻은 행복감 속에서 생애를 마친다. 작품은 헤스터의 비명(碑銘)으로 검은 바탕에 주홍글씨라고 끝맺어져 있다.

스펙이라는 주홍글씨를 벗어나려면 판을 바꿔라

'스펙(spec)'은 영어사전에 '사양, 혹은 설명서'라고 기술되어 있다. 국어사전에는 '직장을 구하는 사람들 사이에서 학력·학점·토익 점수 따위를 합한 것을 이르는 말'이라고 설명되어 있다. 스펙이라는 같은 단어를 두고 한쪽은 제품에 관한, 한쪽은 사람에 관한 용어로 규정하고 있는 셈이다. 하지만 우리 사회는 온통 자신의 사양을 높이려는 이 스펙 열풍에 휩싸여 있다. 철인 3종, 7종 경기처럼 스펙도 7종, 8종 세트란 말이 있다. 직장을 구하는 사람들 사이에서 학력, 학점, 토익 점수, 어학연수에 심지어 성형까지를 합쳐서 스펙 세트라고 한다. 7종, 8종 스펙 세트를 갖추려면 엄청난 돈을 투자해야 한다.

그런데 중요한 것은 현실적으로 직장에서 근무하는 기간이 짧다는 것이다. 대학을 졸업하고 어렵게 회사에 입사해서 부장까지 승진하는 사람이 10% 정도 되고 임원까지 승진하는 사람은 1%가 되지 않는다. 그렇게 스트레스를 받다가 40대 중반 전후해서 조기퇴직을 당하게 되는 경우가 많다. 그렇기 때문에 화장지만도 못한 대학 졸업장을 따려고 20년 이상 스펙 만들기에 투자한 본전을 회수하기가 현실적으로 어렵다. 우리가 죽을 때까지 절대로 바꿀 수 없는 것이 몇 가지 있다. 부모, 형제, 태어난 고향, 그리고 졸업한 학교가 그것이다. 많은 직장인들이 스펙이라고 부르는 출신학교가 주홍글씨처럼 낙인되어 직장인의 삶을 옥죄고 있다. 그리고 설령 취업이 되었다고 해도 몇 년 근무하다 보면, 스펙, 학력의 굴레, 장벽을 벗어나기 어렵다는 사실을 뼈저리게 절감하게 된다.

스펙이라는 주홍글씨는 일류대를 졸업하지 못한 사람들에게 덧씌워진 낙인, 굴레, 평생의 짐, 장벽을 말한다. 그리고 생각보다 뿌리 깊게 박혀 있고 벗어나기도 어렵다. 이 낙인은 승진 누락은 기본이고 임원 승진은 꿈도 꿀 수 없다. 구조조정이라는 말만 나오면 퇴직에 대한 압박, 스트레스는 당해보지 않은 사람은 이해할 수가 없다. 스펙이라는 굴레를 벗어나기 위해 학벌 세탁을 하겠다고 대학원에 진학해서 석사학위를 취득한다고 해도, 본인의 기대와는 달리 여전히 스펙의 굴레에서 벗어날 수가 없다. 그리고 평생 일을 해도 스펙 만들기에 투자한 본전을 찾을 수가 없다. 왜냐하면 투자한 본전을 회수도 하기 전에 조기퇴직을 당하게 되기 때문이다. 지금부터라도 투자 회수도 잘 안 되는 스펙 만들기가 아닌, 남들이 인정해주는 진정한 실력을 만들어야 한다.

《주홍글씨》의 주인공인 헤스터 프린이 간음을 해서 간음을 뜻하는 A(Adultery)를 가슴에 새기고, 낙인을 찍고 평생 좌절과 절망의 나날을 보냈다면, 모든 사람의 기억 속에 존재하지 않았을 것이다. 간음의 A가 아닌 유능함(Able)의 A로, 심지어는 천사(Angel)의 A로 승화시켜나갔기 때문에 아직도 많은 사람의 기억 속에 존재하는 것이다.

스펙이라는 낙인과 싸우지 말라. 학벌세탁을 하려고 하지 말라! 성과를 낼 수 있는 진정한 내공을 키워라. 남에게 보여줄 수 있는 패를 키워라. 그리고 진정한 고수가 돼라! 그래서 삶의 판을 바꿔야 한다. 하기 싫은 것을 그만두고 하고 싶은 것으로 바꿔라. 삶의 터전을 바꿔라. 하던 일을 바꿔라. 생각을 바꿔라. 꿈을 바꿔라! 구두닦이인 김맹호 씨는 자신의 꿈을 위해 삶의 장소도 바꾸고, 삶의 터전도 바꾸고, 자기 생각도 바꾸고, 도전해서 자신의 미래도 바꾸었다.

절정의 고수가 돼라

고수는 내공이 있는 사람이다. 내공이란, 훈련과 경험을 통해 안으로 쌓인 실력과 그 기운을 말하는 것이다. 무수히 축적된 시행착오에 의해 실력을 쌓은 사람이다. 잘나가는 크리에이터인 유튜버, 인기 절정의 아이돌 그룹의 멤버들 대다수는 휴지만도 못한 대학 졸업장이 없다. 프로야구나 프로축구에서 많은 연봉을 받고 있는 선수들도 대학 졸업장이 없다. 처절한 연습과 훈련, 그리고 경험으로 내공을 갖춘 진정한 고수들이다.

프로축구 선수인 이동국, 기성룡, 이청용 구자철은 대학교 졸업장이 없다. 손흥민, 황희찬, 이승우 등 유럽 명문 구단에서 활약하고 있는 선수들도 졸업장이 없다. 메이저리그에서 활약하고 있는 추신수, 류현진도 대학교 졸업장이 없다. 이런 선수들은 직장인이 꿈도 꿀 수 없는 부와 명예를 거머쥐었다. 2AM의 리더인 조권은 '깝권'이라는 별명으로 유명하다. 초등학교 다닐 때 빚쟁이에 시달리는 부모님을 보고 아이돌이 되겠다는 목표를 갖고 JYP사단의 연습생이 되었다. 연습생으로 연습한 기간이 10년 4개월이나 되었다. 2AM으로 데뷔해서도 상당 기간 수입이 없었다. 연습생 기간이 길어서 JYP에서 투자한 금액을 갚는 데도 상당한 시간이 걸렸다. 그는 돈을 벌기 위해서, 부모님에게 집을 사드리기 위해서 밤낮으로 일했다. 조권의 대표 브랜드인 깝춤도 오랜 연습생 기간 동안에 쌓인 내공이라고 한다.

박막례 할머니는 잘나가는 크리에이터다. "희망을 버리면 절대 안 돼요. 희망을 버렸으면 다시 주서 담으세요. 그러면 돼요. 희망은 남의 것이 아니고 내 거예요. 여러분이 버렸으면 도로 주서 담으세요. 버렸어도 다시 주으세요. 인생은 끝까지 모르는 거야. 인생이라는 게 참, 세상에서 내 인생이 제일 불쌍하다 싶을 정도로 힘들었는데 말이여, 인생은 한 치 앞도 모르는 것이구면. 일흔 넘어 이런 행복이 나한테 올 줄 알았는 감?"이라고 이야기하는 박막례 할머니는 대단한 내공을 갖고 있다.

대도서관은 수십억의 수입을 올리는 잘나가는 크리에이터다. 고등학교를 졸업하고 집에서 만화와 비디오를 보면서 시간을 보내는 문제아였다고 한다. 군대를 제대하고서도 여전히 만화와 비디오를 보면서 시간을 보냈다. 그러다가 '내가 세상에서 가장 잘할 수 있는 것이 무엇인가'를 고민했다고 한다. 스스로 내린 결론은 남들보다 말을 잘하는 장점이 있었다는 것이다. 그때 유튜브에서 활동하는 크리에이터라는 새로운 직업을 알게 되었다. 동영상 제작, 편집에 관한 공부를 하고 크리에이터로 활동하게 되었다. 그런데 오랜 시간 만화와 비디오를 본 것이 다양한 콘텐츠가 될 수 있었다.

세상에 아이디어는 많다. 그러나 아이디어가 재화(돈이나 제품)로 되려면 무수히 많은 시행착오가 있어야 한다. 스펙이 아닌, 축적된 시행착오가 실력인 것이다. 그래야 고수가 되는 것이다. 내공은 훈련과 경험을 통해 안으로 쌓인 실력과 그 기운을 말한다. 직장에서 근무하는 동안 스펙에 의지하지 말고, 스펙이라는 굴레를 바꾸려고 하지 마라!

무림, 강호에 나와서 무수히 많은 고수와 일합을 겨뤄서 승자가 될 수 있는 내공을 키워야 한다. 그러기 위해서는 철저하게 훈련과 경험을 통해 내공을 축적해야 한다.

고수와 하수 사이

남보다 뛰어나다고 해서 고귀한 자가 되는 것은 아니다. 과거의 자기 자신보다 우수한 자가 결국에는 고귀한 사람이 되는 것이다.

- 어니스트 헤밍웨이(Ernest Hemingway) -

잔잔한 호수는 노련한 뱃사공을 만들지 못한다. 잔잔한 호수에서 노를 젓는 뱃사공은 테크닉과 노련함이 필요하지도 않고 필요도 없다. 그러나 폭풍이 치는 바다, 격랑이 몰아치는 파도에서 노를 젓는 뱃사공은 다양한 테크닉과 노련함이 있어야 한다. 어찌 보면 삶의 터전은 전쟁터이고, 삶은 전쟁이다. 그리고 직장도 전쟁터다. 직장인의 근무환경과 여건도 폭풍과 격랑이 일고 있는 파도가 치고 있다. 그래서 직장인에게 다양한 테크닉과 노련함이 요구되고 있다. 그러나 직장인은 그것을 모른다. 왜냐하면, 직장은 폭풍과 격랑을 막아주는 울타리가 되기 때문이다. 그런 울타리 안에서 근무하는 직장인의 경쟁력은 잔잔한 호수에서 노를 젓는 뱃사공처럼 테크닉이나 노련함이 없다. 마치 철이 없는 사람처럼 현재의 직장인은 자신의 위상을 모르고 자신이 고수라고 착각한다. 직장인은 언젠가는 직장을 떠난다. 그제야 자신의 위상을 깨닫게 된다. 그때 많은 직장인들이 안절부절 어쩌지 못하는 모습이 안타깝다.

앨버트로스

앨버트로스(Albatrosss)는 지구상에 날 수 있는 새 중에서 가장 큰 새다. 날개 길이가 3.5m가 넘고 몸통도 1m 가까이 된다. 그리고 80년을 산다. 앨버트로스는 크기도 놀랍지만 독특한 생존 방식이 더 놀랍다. 앨버트로스는 폭풍을 따라 이동한다. 아니 폭풍 속에 산다는 표현이 더 적절할 것 같다. 폭풍에 들어간 앨버트로스는 거의 수직으로 낙하를 시도한다. 그리고 수면에 닿기 직전에 날개를 펼쳐 90도로 꺾어 큰 파도의 벽에 흐르는 상승기류에 몸을 싣는다. 그러고는 다시 파도 위 상승기류에 옮겨타서 폭풍 속으로 들어간다. 이런 방식으로 폭풍을 따라가면서 오징어 사냥을 한다. 오징어 사냥을 위해 하루 500km를 이동하기도 하고 한꺼번에 50일 동안 3만km를 쉬지 않고 이동을 한다. 먹고산다는 것이 이렇게 힘들다.

　무엇이 앨버트로스를 기적의 새로 만들었을까?

　앨버트로스를 기적의 새로 만든 비결은 세 가지다.

　첫째, 바람의 영향을 덜 받는 크고 힘센 날개를 가졌다.

　크고 힘센 날개를 가졌지만, 폭풍 속에서 상승기류를 타는 방법을 배우기 위해서는 8년간의 세월이 필요하다. 그리고 그 과정에서 80%는 거센 파도에 휩쓸려 죽고 만다. 큰 날개가 기적을 만들어낸 것이 아니라, 엄청난 노력이 기적을 만들어낸 것이다.

　둘째, 폭풍을 감지하는 놀라운 후각을 발달시켰다.

　앨버트로스는 레이다처럼 냄새를 통해 300km 반경을 뒤져 폭풍을 찾아낸다. 앨버트로스에게 삶의 터전이라고 할 수 있는 폭풍을 찾아내는 능력은 먹이를 찾아내는 능력이고 생존 전략이라고 할 수 있다.

　셋째, 무엇보다 더 중요한 것은 그 누구도 상대하기 싫은 도전이자 위험인 폭풍을 삶의 터전이자 동력으로 바꿨다는 것이다.

- 서광원 《살아 있는 것들은 전략이 있다》 -

　앨버트로스가 기적의 새가 된 것은 큰 날개를 갖고 있어 멀리 날고 오래 있어서 된 것이 아니라, 멀리 날고 오래 날고자 노력한 덕분이다. 폭풍 속 파도의 상승기류를 타는 방법을 배우는 데 8년간의 세월을 투자해야 하고, 그 과정에서 80%는 거센 파도에 휩쓸려 죽고 만다. 그런 난관을 통해 위기를 기회로 만들었기 때문에 기적의 새가 된 것이다. 사람들은 흔히 "먹고살려면 무슨 짓인들 할 수 있다"라는 말을 한다. 그러나 말처럼 그렇게 처절하게 치열하게 사는 것 같지는 않다. 앨버트로스가 8년의 세월을 투자하고 그 과정에서 80%가 목숨을 잃듯이, 우리 역시 처절하고 치열하게 살아야 한다. 아니, 죽기 살기로 살아야 한다.

고수와 하수

성공은 고수가 하는 것이다. 그것도 절정의 고수, 덕후가 하는 것이다. 그리고 고수란 많은 시행착오와 경험한 것을 몸에 배게 한 사람이라고 할 수 있다.

- 이기훈 -

몇 년 전, 한국공항공사에서 강의하다가 만난 사람이 기억이 난다. 고수의 아우라가 느껴지던 사람으로 기억된다. 나이는 먹어가고 직장

분위기는 정년까지 버티기가 어려울 것 같아서 무엇인가를 준비해야 하는데, 고민하다가 불황일수록 잘되는 업종을 선택하게 되었다고 한다. 그것은 뜻밖에도 사주·관상이었다. 그는 사주·관상과 점을 보는 직업을 가지려고 많은 시간을 들여서 명리학을 공부하고 있다. 교육에 참여했던 교육생들이 이런저런 질문과 호기심을 가지는 것은 당연했다. 그중에 자기의 손금을 바꿀 수 있느냐는 질문을 하는 사람이 많았던 거로 기억이 난다. 그 고수가 명리학 공부를 하면 할수록 행간을 읽어 내기가 여간 힘든 게 아니라고 한 말이 가슴에 와닿는다.

고수, 즉 도사가 되는 길은 멀고도 험하다. 조용헌 작가의 《담화》에서는 칼잡이, 해머, 번갯불의 단계를 거쳐야 고수가 될 수 있다고 이야기한다.

첫 번째 단계는 칼잡이의 단계다.

다양한 문파(門派)를 기웃거리면서 여러 가지 이론을 섭렵하는 단계다. 《명리정종(命理正宗)》을 공부해보았다가 여차하면 《연해자평(淵海子平)》을 읽어본다. 그래도 시원치 않으면 《적천수(滴天髓)》를 본다. 조용헌 선생도 김 선생이 용하다고 소문이 나면, 그 문하에 들어가서 공부하다가, 이 선생이 더 잘한다고 하면 그쪽으로 옮겨본다. 이러한 떠돌이 공부 과정이 적어도 10년은 걸린다. 그 과정에서 여러 가지 칼을 수집하게 된다.

면도칼, 회칼, 장도칼, 송곳, 단검 등 여러 가지 칼을 가지고 있다. 양복 윗도리를 열어젖히면 이러한 칼들이 안주머니에 화려하게 꽂혀 있다. 이러한 칼잡이들을 만나 보면 '나 칼 많아' 하고 은근히 자랑한다. 문파섭렵(門派涉獵) 이력서가 화려하다. 그러나 실전에 부닥치면 정작 어느 칼도 시원하게 핵심을 찌르고 들어가지 못한다. 공부하다 보면 70%는 칼잡이 단계에서 머문다. 20년을 공부해도 실전에 들어가면 힘을 못 쓴다. 한마디로 칼잡이 수준에서는 먹고살기가 힘들다.

두 번째 단계는 해머의 단계다.

칼잡이 단계를 돌파하면 해머가 나타난다. 그동안 수집했던 칼을 버려야 해머를 지닐 수 있다. 칼을 버린다는 것은 고통스러운 과정이다. 자기를 정리해야 하기 때문이다. 이론은 다 버리고 자기 나름대로 실전에 응용할 수 있는 어떤 방식을 계발하는 단계다. 즉, 자기류(自己流)가 성립되는 것이다. 이 단계에서는 10kg 정도 나가는 해머만 어깨에 메고 강호를 유람하고 다닌다. 상대가 나타나면 해머로 무조건 한 방 가격한다. 해머 급이 되면 총론에서는 틀리지 않는다. 서쪽으로 가야 한다고 할 때, 지금 갈 것인가, 조금 있다가 갈 것인가를 판단하는 데 있어서 큰 실수를 하지 않는다. 해머 하나 들고 있으면 먹고사는 문제는 완전히 해결된다. 해머는 어디를 가더라도 밥을 굶지 않는다. 강호에서 어떤 강자를 만나도 크게 밀리지 않는다.

세 번째 단계는 번갯불의 단계다.

번갯불은 해머를 휘두를 필요도 없다. 사주팔자를 볼 필요도 없다. 상대의 얼굴을 보는 순간 2~3초 이내에 상대의 약점과 강점을 읽어낸다. 운명 감정에서도 3초가 넘어가면 번갯불이 아니다. 그야말로 전광석화(電光石火)다. 번갯불이야말로 절정의 고수다.

어찌 명리학만 이런 단계를 거치겠는가! 무용 훈련에 수(守)·파(破)·리(離)라는 것이 있다. 수(守)는 기본 동작을 익히는 것을 말하는데, 스승으로부터 원리와 기본을 본받는 단계다. 파(破)는 응용동작을 생각하는 단계이고, 리(離)는 그 응용동작을 의식하지 않으면서도 수월하게 해낼 수 있는 단계를 말한다. 수(守)는 스승으로부터 원리와 기본을 절대적 믿음으로 본받는 단계다. 파(破)는 스승의 가르침을 자기 것으로 소화해서, 시대에 맞게, 실생활에 부합되게, 대중이 알기 쉽게 전하기 위해 스승의 가르침을 응용하고, 용맹정진해 깨침을 얻는 단계다.

그러나 기본동작을 익힌 것만으로는 무용이라고 할 수 없다. 기본동작을 완전하게 습득하고, 무용수 자신의 안무와 아이디어의 응용동작을 가미함으로써 비로소 새로운 경지가 열리는 것이다. 그러나 그 수법을 의식한 무용은 보기에 어색하며 딱딱하다. 의식하지 않고 몸에 밴 경지인 리(離)의 단계에 이르러서야 참다운 무용이라고 할 수 있다. 이것은 무용에서뿐만 아니라 모든 훈련에 공통된다.

명리학의 번갯불의 단계, 무용수의 자기류의 단계에 이르기 위해서는 엄청난 노력과 시간을 투자해야 한다. 마찬가지로 인생의 모든 분야에서 이런 단계를 거쳐야 절정의 고수가 될 수 있다.

성공은 고수가 하는 것이다

절개와 강직함의 상징인 대나무는 전 세계적으로 그 종류가 1,200여 종에 이른다. 이렇듯 수많은 나라에 분포된 대나무 중 그 성장 방식과 생태가 매우 독특한 대나무가 있다. 그것은 바로 중국의 극동지방에서만 자라는 희귀종인 모소대나무다. 중국 무협영화를 보면 대나무에서 싸우는 장면이 나오는데, 그 대나무가 모소대나무다.

모소대나무는 씨앗을 뿌린 지 4년 만에 싹을 틔운다. 간신히 삐져나온 싹도 겨우 3cm 남짓이다. 4년 동안 성장한 것이 너무 어처구니가 없다. 하지만 5년째부터는 하루 30cm씩 자란다. 그렇게 6주가 되면서 무려 15~25m까지 자라 울창한 대나무 숲을 이룬다.

그런데 모소대나무는 4년 동안 3cm의 모죽(毛竹)의 형태로 있으면서 땅밑으로 뿌리를 10리, 즉 4km를 내린다. 그리고 6주 만에 폭발적으로 성장해 15~25m까지 자라난다. 4년의 인내와 고통의 세월, 모르기는 해도 따스한 볕과 싱그러운 바람이 간절했을 것이다. 얼른 싹을 틔우고 잎을 보이고 싶은 욕망도 있었을 것이다. 그러나 뿌리가 깊지 않으면 일반 대나무 정도의 크기로밖에 자라지 못한다.

우리도 고수가 되려면 꿈이라는 씨앗을 뿌리면서 싹 트기를 기다려야 한다. 모소대나무처럼 4년이 되어도 싹이 트지 않아 절망할 때가 있을 것이다. 원하는 게 이루어지지 않을 때는 포기하고 싶은 마음이 들 수도 있다. 그렇지만 오랜 시간 동안 뿌리를 내리고 인내하고 싹을 틔울 줄 알아야 한다. 힘들 때는 눈에 띄지 않게 자라는 모소대나무의 삶에서 희망을 배워야 한다. 인내와 고통 속에서 일군 뿌리는 최고의 크기를 자랑하게 된다.

필자는 오랜 시간 강의를 하고 있다. 젊을 때는 패기와 열정으로 강의를 했다. 책을 열심히 읽고 책에서 획득한 지식으로 강의안을 만들고 강의를 했다. 지금은 살아온 경험과 지혜를 가지고 강의를 하고 있다. 다시 말하면, 젊은 시절에는 아는 것을 가지고 강의했다면, 나이가 들어 강의를 하는 지금은 아는 것과 삶의 경험을 가지고 강의를 하고 있는 것이다. 지금 생각해보면 젊을 때 지식과 패기만 가지고 강의하던 모습이 부끄럽기 짝이 없다.

강의를 많이 해본 사람이 강의를 잘한다. 오랜 시간 강의를 해봐야 많은 시행착오와 경험이 체득된다. 물론 강의하고자 하는 내용에 관한 연구를 끊임없이 해야 하는 것은 기본이고 당연한 일이다.

우리의 삶에서 노력 없이 이루어지는 것은 아무것도 없다. 성공을 위해서는 무한한 노력을 투자해야 한다. 현재의 자기 모습은 자신의 과거 활동의 결과다. 앨버트로스가 상승기류를 타는 방법을 배우는 데 8년간의 세월을 투자해야 하듯이, 모소대나무가 모죽의 형태로 4년을 기다려야 하듯이, 무수히 많은 시행착오 속에서 내공을 쌓아야만 절대 강자, 절대 고수가 될 수 있다. 그런 고수만이 조직의 울타리를 벗어나 강호에 나올 때 무림에서 생존할 수 있다.

내공과 역량계발 사이

"다른 사람이 쓴 글을 읽는 데 시간을 투자하라. 그러면 다른 사람
이 힘써 일한 바를 당신은 쉽게 얻을 수 있다."

- 소크라테스 -

역량계발, 왜 하는가?

샐러던트(샐러리맨과 스튜던트)라는 말이 유행일 정도로 많은 직장인들
이 외국어, 자격증, 직무 관련 교육, 상급학교 진학 등 역량계발에 많
은 시간과 돈을 쏟아붓고 있다.

그런데 그런 노력과 투자를 했는데도 성과가 없다면, 자신만의 필

살기를 개발하지 못했다면, 역량계발을 하는 데 문제가 있는 것이다. 그러므로 역량계발을 하는 목적을 확실하게 설정해야 한다. 역량계발은 내가 지향하는 삶과 인생의 가치에 맞게 사는 데 초점을 맞춰야 한다. 그래야 실력과 내공을 갖출 수 있다. 그리고 의미 있고 효과적인 역량계발을 하려면 다음의 세 가지를 고려해야 한다.

첫째, 시장 지향적인 역량계발을 해야 한다.

역량계발은 내가 지향하는 삶과 인생의 가치에 맞게 사는 데 초점을 맞춰야 한다. 그리고 당연히 자신을 사고파는 거래가 있는 시장을 염두에 두어야 한다. 시장성에 대한 고려가 없는 역량계발은 하지 마라! 그리고 투자비, 즉 투자한 시간과 돈과 노력에 대한 회수 기간이 길거나 회수 가능성이 적다면, 귀중한 시간과 땀을 쏟아 역량계발을 할 이유가 없다.

역량계발은 시장 지향적인 역량계발을 해야 한다. 나를 어디에다 어떻게 팔 것인지, 사려고 하는 고객은 어떤 상품을 원하는지를 생각해야 한다. 그것이 역량계발의 목표가 되어야 한다. '나는 팔릴 수 있는 상품인가?', '나는 어떤 특성을 갖고 있는가?', '수요가 있을 것인가?' 그것도 남들이 갖고 있지 않은 차별화된 기술이나 서비스여야 한다. 중요한 것은 수요가 있다고 해도 잠재적 경쟁자가 많으면 나라는 상품을 팔기가 어렵다.

둘째, 자기 일과 비즈니스를 강화하는 역량계발을 해야 한다.

직장인이라면 반드시 일과 관련된 분야에 집중하고 노력해야 한다. 자기가 알지 못하거나 이제까지 경험해보지 못한 분야에 대한 관심을 가지는 것은 사치고 낭비. 역량계발을 하는 것은 직장에서, 비즈니스에서 더욱 효과적으로 성공할 수 있는 내가 되기 위한 것이다.

셋째, 자신의 강점에 집중해야 한다.

피터 드러커(Peter Ferdinand Drucker)는 사람은 오로지 자신의 강점으로만 성과를 올릴 수 있다고 한다. 누구나 자신의 분야에서 전문가로 성공하기를 바란다. 그러나 강점이 없는 분야에서 성공하거나 대가로 성장하기란 불가능에 가깝다. 강점이 없어도 굳은 의지와 노력으로 부족한 것을 채워나갈 수 있다고 생각할 수도 있다. 물론 가능한 일이다.

하지만 강점이 있는 사람을 따라잡기 위해서는 엄청난 시간과 에너지를 쏟아부어야만 한다. 그리고 투자 대비 수익성은 마이너스일 확률이 높다. 역량계발을 할 때, 명심해야 할 것은 자기가 갖고자 하는 직업과 직무를 고려해서 해야 한다는 것이다. 그리고 자신의 강점을 찾아 계발해야 한다. 자신이 경쟁자들과의 경쟁에서 승자가 되려면 자신의 강점과 직업, 직무가 효과적으로 연결되어야 한다. 자신이 선택한 직장에서 인정받으면서 성장한다면 불확실한 미래도 밝은 미래로 바꿀 수 있다.

역량계발의 방법

무림, 강호의 세계는 치열하고 험하다. 축적된 삶의 경험이 제공하는 성찰의 능력이 부족하면 세상을 읽기가 어렵다. 그러므로 자신에게 냉엄해야 한다. 그리고 성장하기를 즐겨야 한다. 역량계발을 열심히 해야 한다. 그러려면 학습하는 방법을 배워야 한다. 그래야 고수가 될 수 있다.

첫 번째, 신문(Newspaper)을 읽어라.

신문은 세상에서 일어나고 있는 모든 현상이나 사건을 보도하는 매체다. 이러한 현상이나 사건에 대한 신문 보도는 현실에 대한 유용한 정보를 제공한다. 그래서 신문 보기는 사회 보기다. 세상 엿보기다. 신문 보기는 세상을 읽는 눈을 갖는 것이다. 신문을 읽는 것은 결국 자신의 눈을 기르기 위한 것이다. 신문에 나오는 모든 기사나 논평, 칼럼들이 이미 하나의 눈을 가지고 있다. 사실을 다루는 객관적 기사 역시 그 밑바탕에 기자 또는 신문사로서 주관의 눈을 바탕에 깔고 있다. 그 눈을 비교하다 보면 세상을 엿볼 수 있는 눈을 가질 수 있다.

책방에 가서 신문을 읽는 기술에 관련된 책을 한 권쯤 사서 보자. 책을 구입하는 게 아까우면 그냥 한번 훑어보기라도 하면 좋겠다. 그 많은 신문 중에 어떤 신문을 읽어야 할까? 〈한국경제〉, 〈매일경제〉 등 경제 신문은 하나쯤 구독할 필요가 있다. 일반 신문을 읽을 때, 균형감각을 잃지 않으려면 진보와 보수를 표방하는 신문을 같이 읽으면 좋다. 신문을 구독하는 비용이 아까우면 직장에 들어오는 신문을 활용하면 된다. 근무 시간에 읽지 말고 퇴근하면서 가지고 가면 된다. 신문은 그 어떤 책보다도 생생한 현장의 이야기가 많이 담겨 있다. 될 수 있으면 종이 신문을 읽는 게 좋다. 그래야 신문 전체를 볼 수 있기 때문이다. 그것이 불가하다면 인터넷에서라도 신문을 훑어보자. 그리고 신문의 사설, 칼럼, 특집기사, 평론 등의 다양한 콘텐츠 중에서 본인이 관심 있는 부분을 스크랩해서 파일로 정리해두면 좋다. 물론 스마트폰으로 찍어도 된다. 그리고 관심 있는 부분을 파일로 정리해서 주제별로 정리해두자. 그러면 나중에 책을 쓸 때 유용하게 활용할 수 있다.

두 번째, 잡지(Magazine)를 훑어라.

신문이 최신 정보를 제공한다면, 잡지는 일정한 시간적 여유를 두고, 중요한 사건이나 현상에 대해 좀 더 심도 있게 정보를 제공해준다. 잡지가 제공하는 정보는 신문 정보에 비해 시의성은 떨어지지만, 수준이나 깊이에서는 더 고급 정보라고 할 수 있다. 그리고 잡지 읽기가 아니고 잡지 훑기라고 한 이유는 그냥 편안하게 읽어보라는 의미다. 잡지 읽기도 세상을 엿볼 수 있는 좋은 도구다. 건전한 상식을 갖는 데 유용한 도구가 될 수 있다.

그런데 '많고 많은 잡지 중에 어떤 잡지를 읽어야 할까?'라는 고민이 생길 수 있다.

주간 경제지는 읽어야 한다. 그리고 직장인이라면 자기가 근무하고 있는 회사와 관련된 업종의 잡지는 읽어야 한다. 자기의 전공과 직무, 더 나아가서 앞으로 선택하고 싶은 분야의 잡지는 읽어줄 필요가 있다. 그래야 자기가 몸담은 분야의 트렌드를 읽을 수 있고 같은 업종의 사람과 만나더라도 대화가 된다. 물론 교양에 관련된 잡지를 훑어보는 것도 좋다. 신문스크랩과 마찬가지로, 본인이 관심 있는 콘텐츠가 있으면 스크랩하는 것은 당연하다. 잡지를 구입하는 비용이 아까우면 회사에서 구독하는 잡지를 훑거나, 병원이나 은행 또는 도서관에서 훑어보면 된다. 그리고 관심 있는 콘텐츠는 메모하거나 스마트폰으로 찍어오면 된다.

세 번째, 책(Book)을 캐라.

책은 정신, 마음의 양식이라고 한다. 진부한 말인지는 몰라도 맞는 말이다. 음식물을 섭취해야 육체가 살 수 있듯이, 정신도 책이라는 양식을 먹어야 숨쉴 수 있다.

책은 정신의 양식이라고 했다. 평소에 책을 꾸준히 읽어야 한다. 닥치는 대로 읽어야 한다. 육체가 건강하려면 골고루 음식을 먹어야 하듯이 잡학 다식하게 정신의 양식을 다양하게 먹어야 한다. 그런데 '책 읽기'가 아니라 왜 '책 캐기'일까? 그것은 책은 영원한 보고이기 때문이다. 아무리 인터넷과 데이터베이스 부분이 발달하더라도 종이로 된 책은 영원히 그 역할을 잃지 않을 것이다. 정보 제공이라는 책의 기능은 줄어도 지식 생산, 지혜 생산이라는 의미에서 책의 기능은 오히려 커질 것이다.

책을 읽을 때는 눈으로만 읽으면 안 된다. 책을 읽을 때 밑줄을 긋는 것은 효과적인 독서를 위해, 다시 읽을 때의 편의를 위해, 그리고 독서의 내용을 정리하기 위해서이다. 책을 굉장히 깨끗하게 읽는 사람이 있는데, 이런 사람은 지적소비 행위를 하는 것이다. 될 수 있는 대로 책은 지저분하게 읽는 게 좋다. 밑줄 긋고, 기호 붙이고 표제를 붙여라. 이런 사람의 독서가 지적생산 행위다.

네 번째, 교육(Education)을 다녀라.

교육을 받으러 다녀라. 회사에서 시켜주는 교육이든, 정부에서 지원해서 받는 교육이든 교육을 받는 것이 좋다. 교육의 내용을 가리지 말고 교육의 기회가 있으면 무조건 받아야 한다. 그리고 교육에 참여하게 되면 집중해서 교육을 받아야 한다. 뒤에 앉지 말고 앞에서 강사님과 눈을 맞춰가면서 교육을 받으면, 집중도도 올라가고 교육의 효과도 극대화된다.

교육비를 안 내고 교육을 받으면 아무래도 집중도가 떨어지고 참여도도 높을 수가 없다. 그래서 교육을 받을 때는 자기 돈을 내고 받는 것을 추천한다. 그렇게 되면 사전에 교육과정에 대한 스크린을 할 것이고, 교육 콘텐츠에 대해서 교육을 주관하는 사람이나 기관에 문의할 것이다. 자기 돈을 내고 교육에 참여하는 사람은 한 가지라도 더 배우기 위해 최선을 다해서 집중할 것이다. 메모하고, 노트 정리하고 이해가 안 되면 강사한테 질문하고, 교육비가 아까워서라도 열심히 교육에 참여하게 된다. 강사가 하는 강의 내용은 무수히 많은 책을 읽고, 다양한 경험을 통해 깨달은 것이다. 강의 내용만 듣더라도 굉장히 많은 양의 독서를 한 효과가 있다.

다섯 번째, 교류의 폭을 넓혀라.

지금은 네트워크의 시대다. 정보가 어디 있느냐를 아는 것이 중요한 것이 아니다. 정보를 갖고 있는 사람을 알고 있는 것이 중요하다. 인터넷에 있는 정보는 지식이라고 할 수 있어도 지혜는 안 된다.

기업 경영에 '벤치마킹'이라는 기법이 있다. '벤치마킹'이라는 뜻은 시스템이 앞선 기업의 내용을 가져와서 활용하는 것이다. 그런데 굉장히 많은 비용과 시간과 노력을 투자해서 만들어낸 시스템, 즉 노하우를 모르는 사람이 달라고 하면 선뜻 주겠는가? 주지 않을 것이다. 그 시스템을 얻을 수 있는 유일한 방법은 그 시스템을 알거나 갖고 있는 사람을 알아야 한다. 그것도 아주 친밀하게 알고 있으면 쉽게 얻을 수 있다. 그러므로 다양한 사람과 교류를 해야 한다. 그리고 대화를 나누어야 한다. 상사, 선배, 동료, 그리고 후배들과 커뮤니케이션을 해야 한다.

그리고 다양한 네트워크에 참여하면 좋다. 예를 들어 재테크에 관련된 교육을 받으러 갔다면, 그것도 자기 돈 내고 교육을 받았다면 교육이 끝남과 동시에 교육장을 빠져나오지는 않을 것이다. 교육 뒷풀이에 참여해서 다른 교육생들과 대화를 나누고 다양한 정보를 교환할 것이다. 그리고 네트워크를 만들기 위한 노력을 할 것이다. 지금은 정보의 시대가 아닌 네트워크 시대다. 네트워크(Network) 시대에는 'Know how', 'Know where'이 아닌 'Know who'가 중요하다.

여섯 번째, 가끔 일상에서 탈출해라.

시간을 내라. 내 삶의 터전을 떠나 다른 사람들이 사는 세계를 경험하는 것도 중요하다. 한 곳에서 살게 되면 시야가 좁아질 수밖에 없다. 의외로 많은 직장인들이 다람쥐 쳇바퀴 돌듯이 회사와 집을 오가는 생활을 한다. 어울리는 사람도 늘 같고, 회사 동료가 전부다. 대화의 내용도 늘 하는 대화의 범위를 벗어나기가 어렵다. 이래서는 저절로 우물 안 개구리가 될 수밖에 없다. 우물 안 개구리는 우물의 입구로만 세상을 볼 수 있다. 가끔은 여행을 떠나라. 여행은 서서 하는 독서라고 한다. 다른 사람들이 어떻게 살고 있는지 엿보라. 그러면 세상을 엿볼 수가 있다.

필자는 동가숙(東家宿), 서가식(西家食)하면서 많은 지방과 도시에서, 다양한 기업에 종사하고 있는 사람들에게 강의하고 대화를 나누고 있다. 그래서 그들의 삶을 엿볼 기회가 많았다.

교양이 풍부한 사람

인류 역사에는 무수히 많은 영웅들이 있었다. 어느 시대, 어느 나라의 역사를 보아도 천하를 평정하고 질서를 회복한 사람들은, 하나같이 교양이 풍부한 사람들이었다. 축재에 능하거나, 책략이 뛰어나거나, 싸움을 잘한다는 것만으로는 대중의 신뢰와 지지를 얻을 수 없다. 천하를 평정할 수 있는 인물은 많이 배워서 인간의 내용이 풍부하고 충실하고 매력적인 사람이다. 천수 백년 전 군웅이 할거하던 중국 대륙의 역사, 《삼국지》에는 많은 영웅호걸이 등장한다. 난세의 영웅들은 많이 배워서 교양이 풍부한 사람이다. 그런 사람은 인간적 매력이 충실하고 괜찮은 사람이다. 많이 배워야 한다. 사람은 책을 통해서 배우거나, 대화를 통해서 배우거나, 교육을 받아서 배우거나, 경험에 의해서 삶의 지혜를 체득해간다.

우리의 인생길은 결코 평탄하지 않다. 굴곡이 많고 울퉁불퉁한 길을 가려면 열심히 역량계발을 해서 다양한 길을 볼 수 있는 시각을 키워야 한다. 그리고 직장에 다닌다고 직업이 생기는 것은 아니라는 것을 명심해야 한다. 평생직업을 만들려면 열심히 공부해야 한다.

다르게 생각하라

직장인의 패러독스

《그리스 신화》에 나오는 이카로스(Icarus)라는 신이 있다. 이카루스는 아버지 다이달로스가 만들어준 날개를 달고 날다가 너무 잘 나는 바람에 태양 가까이 다가가게 되었다. 그로 인해 날개를 붙인 밀랍이 녹아서 에게해에 떨어져 죽었다. 이 이카로스 이야기는 '성공이 파멸을 낳고, 가장 소중한 자원이 자신을 망치는 도구가 된다'라는 역설을 담고 있다. 이를 이카로스 패러독스라고 한다.

이카로스 패러독스처럼 직장이라는 울타리에서 안주하고 있는 직장인에게도 패러독스, 즉 상반된 가치가 존재한다. 첫째, 조직에 무조건 충성을 해야 한다. 그것도 열정을 다해서 맹목적으로 충성을 해야 한다. 둘째, 회사 경영이 어려워져서 구조조정을 하게 되면 군말 없이 퇴사해야 한다. 개인 입장에서는 슬픈 현실이다. 퇴사는 본인뿐만 아니라 가족에게도 심각한 상처를 준다. 그런데 중요한 것은 직장인들은 상처를 극복할 수 있는 그 어떤 대안도 없이 일방적으로 당하게 된다는 것이다. 지금부터 모순된 가치에 대응할 수 있는 대안을 만들어야 한다. 그러려면 먼저 조직과 대등해질 수 있는 개인의 능력이 있어야 한다. 회사에 귀속되지 않는 자기만의 능력을 갖고 있어야 한다. 여기에서 능력은 평생 먹고살 수 있는 차별화된 경쟁력이다. 자기만의 핵심 경쟁력이다. 나만이 가진 직업을 만들어야 한다. 그러면 나이 먹어서도 무엇을 해서 먹고살까 고민하지 않아도 된다. 그리고 직장과 거래도 가능해진다.

칼집과 칼자루

직장은 칼집과 같다. 직장인은 칼집에 들어 있는 칼날과 같다. 직장인은 언제나처럼 칼날에 온몸이 만신창이가 된다. 철철 피를 흘리면서 산다. 직장인이 칼집이라는 조직에 대응할 수 있는 유일한 방법은 칼자루가 되는 것이다. 칼자루가 되면 마음대로 칼날을 휘두를 수가 있다. 칼집도 자를 수가 있다. 칼자루를 잡을 수 있는 방법에는 여러 가지가 있다.

첫 번째, 꿈을 갖고 있어야 한다.

꿈이 없는 사람은 '왕년에 말이야'라는 말을 입에 달고 다닌다. 자기 입에서 왕년에라는 말이 나오면 돌이킬 수 없는 강을 건넌 것이다. 꿈이 있는 사람은 항상 바쁘다. 목표가 있는 사람은 시간이 모자란다.

두 번째, 자기 일을 사랑해야 한다.

열정이 있어야 한다. 어떤 일을 사랑하게 되면 잠잘 시간이 아깝다. 먹는 시간도 아깝다. 끊임없이 그 일을 생각하고 애정을 갖게 되면 남들이 보지 못하는 것을 보게 된다. 그리고 열정을 갖게 되면, 그 일은 이전과 같지 않게 된다. 전문가로서의 식견과 전문가로서의 능력이 발생하게 된다. 꿈을 갖는 것은 중요하다. 그러나 꿈만 갖고 되는 일은 아니다. 꿈을 갖고 그 일에 애정을 갖고 하는 게 중요하다. 나는 나의 일을 사랑한다. 나는 강의를 할 때 애정과 열정을 가지고 한다. 목숨을 걸고 강의한다.

세 번째, 핵심경쟁력을 갖고 있어야 한다.

다른 사람들이 갖고 있지 않은 경쟁력을 갖고 있어야 한다. 다른 사람들과 공유되는 속성은 경쟁력이 없는 것이다. 칼자루를 잡기 위해서는 다른 사람들과 구분되는 자기만의 강점에 집중하고 극대화해야 한다. 평균에 회귀하는 사람이 되어서는 안 된다. 잡기에 능한 사람이 있다. 잘하는 것은 없지만 못하는 것도 없다. 그중에서 특출나게 잘하는 것이 없으면 경쟁력이 없는 것이다. 하나라도 특출해야 한다. 그래야 칼자루를 잡을 수가 있다.

네 번째, 다르게 생각해야 한다.

잘하는 것과 다르게 하는 것은 다른 것이다. 더 잘하는 것보다 다르게 하는 것(Think Different)이 더 효과적이고 경쟁 없이 원하는 것을 쉽게 얻을 수 있다. 연예인들은 톡톡 튀지 않으면 주목을 받기가 어렵다. 톡톡 튄다는 것은 다르다는 것이다. 왜냐하면 다른 사람들과 공유하는 속성은 경쟁력이 없기 때문이다.

다르게 생각하라

'다르다'라는 말은 서로 같지 않다는 것이다. '두드러지는 데가 있다'라는 의미다. 더 잘한다는 것은 무엇인가? 더 잘하는 것은 기존의 디멘존(Dimension), 경로에서 수준을 조금 높이는 것이다. 예를 들면, 100m 달리기에서 13초에 뛰는 사람이 열심히 노력해서 12.5초에 뛰는 것과 같은 것이다. 하지만 남들과 공유되는 공통의 속성은 큰 힘이 되지 못한다. 다시 말해 경쟁에서 승자가 되기가 어렵다. 승자가 된다고 하더라도 엄청난 출혈을 감내해야 한다.

다르게 한다는 것은 전혀 다른 차원의 일을 하는 것을 의미한다. 더 잘하는 것보다 다르게 하는 것이 더 효과적이고, 경쟁 없이 원하는 것을 쉽게 얻을 수 있다. 1986년도 멕시코 올림픽에서 희한한 일이 벌어졌다. 당시 높이뛰기 종목에서는 모든 선수가 앞으로 뛰어 바를 넘었다. 올림픽이 생긴 이래로 높이뛰기에서는 앞으로 뛰는 것이 최고의 방법이다. 그런데 딕 포스베리(Dick Fosbury)라는 선수가 열심히 뛰어와서 앞으로 넘지 않고 뒤로 넘는 것이었다. 그렇게 무명에 가까웠던 딕은 2m 22cm라는 신기록으로 우승을 하게 되었다. 지금은 뒤로 넘는 것, 즉 배면뛰기가 당연하지만, 그 당시만 해도 아주 낯선 행동이었을 것이다. 더욱 놀라운 것은 그날 이후로 높이뛰기에서 앞으로 넘는 사람이 한 사람도 없다는 것이다.

모든 사람이 원하는 것, 관심사, 갖고 싶어 하는 것들이 있다. 그것은 물, 공기, 건강, 최고의 배우자, 돈, 최고의 직장, 승진, 권력, 명예 등 사람이면 누구나 갖고 싶어 하는 것이다. 사람들이 원하는 것을 두 가지로 분류할 수가 있다. 하나는 다른 사람들과 경쟁을 해서 얻을 수 있는 것들이고, 또 하나는 남들과 경쟁 없이도 얻을 수 있는 것들이다.

그러나 사람들이 원하는 대부분은 경쟁을 해야 얻을 수 있는 것들이다. 경쟁을 통해서 원하는 것, 관심사를 얻으려면 자신의 가치를 높여야 한다. 그리고 대다수는 치열한 경쟁에서 승자가 되었을 때 가질 수가 있다. 승자가 되려면 다르게 생각해야 한다. 남이 알지 못하는 경지까지 배우고 경험해야 한다. 직접경험이 아니면 간접경험을 통해서라도 경험해야 하고 배워야 한다. 달리기에서 꼴찌가 일등을 할 수 있는 방법은 죽기 살기로 달리기만 해서는 안 된다. '달리던 길을 뒤로 돌아서 달린다면 일등을 할 수도 있지 않을까?' 하는 엉뚱한 생각을 해 본다. 다른 사람, 경쟁자보다 더 잘하는 것은 중요하다. 그러나 다르게 생각하는 것이 더 중요하다. 그것이 진정한 경쟁력이라고 할 수 있다. 다르게 생각하는 것이 경쟁하지 않고 쉽게 승리할 수 있는 비결이다.

"남과 비교 따윈 필요 없다."
마침내 제가 깨달은 건 그 누구도 아닌, 나 자신과의 경쟁에서 최고가 되어야 한다는 것이었습니다. 인생이 그렇더군요. 다른 사람들이 뭐 하는지에 너무 신경을 쓰면 내가 설 자리마저 잃고 맙니다. 다른 사람을 부러워하는 대신, 더 나은 내가 되면 충분합니다. 비교 따위는 정말 필요 없죠.

- 오프라 윈프리 -

삶에서의 모든 갈등, 고민은 선택의 폭이 좁아졌을 때 생겨나게 마련이다. 선택의 폭이 줄면 운신의 폭이 좁아지기 때문에 고민이 시작되는 것이다. 이럴 때 선택의 폭을 늘리기 위한 효율적인 방법이 있다. 바로 다르게 생각하는 것이다.

나는 추운 겨울보다는 봄을 좋아한다. 봄에는 인고의 세월을 이겨내고 많은 꽃이 아름답게 꽃을 피운다. 다양한 꽃들이 자신만의 아름다운 자태를 뽐낸다. 노란 개나리는 개나리대로, 연분홍 진달래는 진달래대로, 벚꽃도 목련꽃도 저마다 제 모습대로 피어난다. 들과 산에는 이름 모를 야생화가 살포시 피어나 자신만의 아름다움을 뽐낸다. 저마다 타고난 빛깔과 향기로 피어난 꽃들이 아름답다.

마찬가지로 누군가를 부러워하며 흉내 내기보다는 자신의 삶을 자기답게 살아가는 사람이 가장 아름다운 인생을 사는 것이다. 자기답게 살려면 판을 바꾸면 된다. 자신이 처한 제한적인 환경과 프레임을 거부하고 전혀 다른 차원의 발상을 하게 되면 된다. 그러면 의외로 쉽게 풀린다. 다른 사람의 인생을 흉내 내기보다 내 인생에 집중하고 바르게 살아가는 게 더 중요하다. 오늘도 다르게 생각하기 위한 노력을 해라!
나는 오늘도 다르게 생각하기 위해 고민한다.

Chapter 2.

Second Age(인생 2막)
: 퇴직과 은퇴 사이

직장인의 메멘토 모리
(Memento Mori)

아무도 가지 않은 길은 없다. 다만 내가 처음 가는 길일뿐이다. 누구도 앞서가지 않은 길은 없다. 오랫동안 가지 않은 길이 있을 뿐이다. 두려워 마라. 두려워했지만 많은 이들이 결국 이 길을 갔다. 죽음에 이르는 길조차도 자기 전 생애를 끌고 넘은 이들이 있다. 순탄하기만 한 길은 길이 아니다. 낯설고 절박한 세계에 닿아서 길인 것이다.

- 도종환, '처음 가는 길'-

봉급쟁이의 즐거움

　직장인의 최고 관심사가 무엇일까? 필자가 강의를 시작할 때 교육생에게 가장 듣고 싶은 이야기가 무엇이냐고 질문하면, 대다수의 사람이 재테크에 관한 이야기를 듣고 싶다고 한다. 평생 품위를 유지하고, 우아하게 즐기면서 살 수 있는 돈을 모으는 일, 재테크가 이 시대 최고의 화두이고 최고의 관심사라고 할 수 있다.

　직장인이 할 수 있는 최고의 재테크는 직장에서 오래 살아남는 것, 오래 버티는 것이다. 그리고 직장인, 회사인간, 봉급쟁이, 월급쟁이라는 이름으로 회사에 다니면서 누릴 수 있는 즐거움이나 기쁨에는 여러 가지가 있다.

　첫째, 정해진 날짜에 주는 월급은 물론이요, 성과가 좋으면 특별성과금이라는 생각하지도 않았던 거금, 목돈의 기쁨이 있다. 그런데 중요한 것은 성과급이라는 목돈을 받아도 고마움을 모르고 당연한 것으로 생각하는 사람들이 많다.

　둘째, 건강보험, 국민연금, 자녀 학자금까지 지원해주는 기쁨도 있다. 퇴직해서 국민연금, 건강보험, 자녀 학자금을 자기 돈으로, 그것도 뭉칫돈으로 내보면 얼마나 큰 즐거움이었나 알 수가 있다. 건강보험,

국민연금 등을 자기 돈으로 내면 가슴이 아프고 쓰리기까지 하다.

셋째, 다양한 사람, 좋은 사람들과 사귈 기회를 제공해주기도 한다. 때로는 갑이라는 우월적 지위를 즐기면서 다양한 네트워크를 구축할 수 있어 큰 즐거움을 준다. 그런데 안타까운 것은 즐기기만 했지, 진정한 네트워크를 구축할 기회를 기회로 삼지 못한다는 것이다. 그나마 만들었다고 생각하는 인맥도 퇴사하는 순간 신기루처럼 사라진다. 왜냐하면, 을의 사고를 이해하지 못했기 때문이다.

넷째, 개인의 성장과 발전을 위해서 다양한 교육프로그램과 역량계발의 기회를 제공해준다. 그것도 자기 돈이 아닌 회삿돈으로 자기 역량강화를 하라고 한다. 때로는 해외연수까지 보내주니 얼마나 큰 기쁨이요, 즐거움인가! 그런데 자기 돈을 내지 않아서 그런지 교육에 몰입하지 못하고 빨리 끝나기만을 바란다. 정말 안타깝고 답답한 일이다.

다섯째, 출장의 즐거움이다. 회삿돈으로 국내는 물론 해외 여기저기를 다니면서, 다양한 식견과 풍부한 경험을 쌓을 수 있다. 또한 출장기간에는 출근 시간 안 지켜도 되고, 보기 싫은 상사도 안 보니 얼마나 즐거운가! 더 즐거운 것은 알뜰하게 쓰면 거금의 출장비를 남길 수도 있다.

그 외에도 휴가의 즐거움, 점심 먹는 즐거움, 회식하는 즐거움 등 직장인이기 때문에 누릴 수 있는 다양한 즐거움이 있어서 좋다. 그것도 회사의 돈을 적절하게 활용하면서 즐길 수 있다. 다른 무엇보다도 가장 큰 즐거움은 회사에 다니는 즐거움, 일하는 즐거움이 아닐까? 그런데 직장인은 직장에 다닐 때는 그런 즐거움, 행복을 모른다. 그리고 대한민국에서 봉급쟁이, 직장인, 회사 인간으로 사는 즐거움을 만끽하고 있을 때, 을이면서 갑인 줄 착각하고 있을 때, 어쩌면 자신의 경쟁력을 상실하고 있는지도 모른다.

노란 숲속에 길이 두 갈래로 났었습니다. 나는 두 길을 다 가지 못하는 것을 안타깝게 생각하면서, 오랫동안 서서 한 길이 굽어 꺾여 내려간 데까지, 바라다볼 수 있는 데까지 멀리 바라다보았습니다. 그리고 똑같이 아름다운 다른 길을 택했습니다. 그 길에는 풀이 더 있고 사람이 걸은 자취가 적어, 아마 더 걸어야 될 길이라고 나는 생각했었던 게지요. 그 길을 걸으므로, 그 길도 거의 같아질 것이지만. 그날 아침 두 길에는 낙엽을 밟은 자취는 없었습니다. 아, 나는 다음 날을 위하여 한 길은 남겨두었습니다. 길은 길에 연하여 끝없으므로 내가 다시 돌아올 것을 의심하면서… 훗날에 나는 어디선가 한숨을 쉬며 이야기할 것입니다. 숲속에 두 갈래 길이 있었다고, 나는 사람이 적게 간 길을 택했다고, 그리고 그것 때문에 모든 것이 달라졌다고.

- 로버트 프로스트 '가지 않은 길' -

직장인의 길, 직장인의 미래

직장인들의 꿈은 무엇일까? 직장에서 해고 위험 없이 정년까지 보내거나 자신의 전문분야에서 정년까지 최고의 경쟁력을 유지하는 것일지도 모른다. 그러나 현실적으로 이 꿈은 불가능하다는 것을 스스로도 알고 있다. 직장인으로서 성공 지향적인 삶을 살아오다가 인생의 하프타임을 지나면서 의미 지향적인 삶으로 옮겨가긴 하지만, 직장인으로서의 불안감은 항상 내재되어 있다. 그리고 직장생활을 하는 궁극적인 목표는 인생을 행복하고 의미 있게 살기 위해서다. 숨쉬기 운동이 인생의 목표가 될 수 없듯이, 직장생활을 오래 하는 것이 인생의 목표가 되어서는 안 된다. 직장인은 자신이 원하든 원하지 않든 미래에 걸어가야 할 길이 정해져 있다. 어찌 보면 직장인의 미래에는 네 가지 길밖에 없다고 할 수 있다. 물론 백수의 길이라는 한 가지 방법이 더 있을 수는 있다. 그 네 가지 길은 다음과 같다.

첫째, 정년퇴직하는 것이다.

정년퇴직을 하려면 직장에서 성실하게 맡은 업무를 수행하면서 크게 모나지 않고, 너무 앞서가지도 않아야 한다. 적당히 7부, 8부 능선에서 있는 듯 없는 듯, 나서지 않고 처세를 잘하면서 남들에게 싫은 소리도 하지 않고, 인심도 잃지 않아야 한다. 그래야 무난히 정년까지 근무하고 퇴직할 수 있다.

둘째, 최고 경영자가 되는 것이다.

자기를 희생하고 개인 생활보다는 직장에 매진하고, 자기역량 강화를 하고 최고의 성과를 창출해서, 최고 경영자가 되어 최고의 지위를 누리는 것이다. 그런데 최고경영자가 되는 것은 하늘의 별 따기보다 어렵다.

셋째, 전직이나 이직을 하는 것이다.

현실적으로 이 길을 택하는 사람은 많지 않다. 다른 회사 또는 다른 업종으로 전직을 해서 새로운 직장생활을 하거나 삶의 터전을 바꾸는 것이다.

넷째, 자기사업을 하는 것이다.

과감하게 직장에 사표를 던지고 자기사업에 뛰어드는 것이다. 자기사업, 즉 창업은 성공보다는 실패할 확률이 대단히 높다. 나이 들어서 하는 창업 실패는 재기하기도 쉽지 않고 자칫 잘못 하다가는 실버 파산으로 연결될 수 있다는 것을 명심해야 한다. 그러므로 근무하는 동안 철저하게 준비해야 한다. 자기사업, 창업의 아이템을 경력 목표로 설정하고, 현직에 있을 때 회사 자원을 활용해서 철저하게 아니 처절하게 준비해야 한다.

네 가지 방법은 어느 것 하나 쉽지 않고 험난한 길이다. 하지만 이

것이 대다수의 직장인 앞에 펼쳐질, 선택의 여지가 없는 미래의 길이다. 물론 직장에 다니면서 재테크를 잘해서, 또는 복권에 당첨되어서 엄청난 자금을 손에 넣는다면 이 네 가지 미래의 길에서 벗어난 삶을 살 수도 있겠다. 하지만 그런 일은 축복받은 몇몇 사람에게나 가능한 일이다. 평범한 사람에게는 세상을 살면서 찾아오기 힘든 기적과 같은 일이다.

직장인의 메멘토 모리

마케팅에서는 신제품이 시판된 후의 진화과정을 설명·분석하기 위해 '제품 수명 주기(Product Life Cycle)'란 개념을 사용한다. '제품 수명 주기'는 제품이 시장에 진입하는 '도입기', 급성장하는 '성장기', 수익성은 높지만, 매출 성장률이 서서히 둔화되기 시작하는 '성숙기', 판매량이 본격적으로 줄어드는 '쇠퇴기'의 순서로 제품의 일생을 성명한다. 제품의 흥망성쇠를 설명하는 이 개념을 우리들의 인생에 적용해서 '인생 수명 주기'를 설명할 수 있다. 제품 수명 주기와 결정적으로 다른 부분은 우선 황금기인 성장기와 성숙기가 매우 짧다는 것, 그리고 성숙기 이후에는 연금을 제외한 수입이 거의 없어진다는 것이다. 제품도 사람도 성장기와 성숙기를 최대한 늘리는 노력이 필요하다. 특히 사람의 경우는 쇠퇴기가 대단히 길다는 사실을 명확히 알고 대비할 필요가 있다.

　'메멘토 모리(Memento Mori)'. '죽음을 기억하라', 또는 '너는 반드시 죽는다는 것을 기억하라'를 뜻하는 라틴어다. 직장인의 메멘토 모리, 즉 직장인은 언젠가는 직장을 떠나야 한다는 것이다. 봉급쟁이, 직장인은 죽었다. 많은 직장인이 회사가 자신을 돌봐줄 것이라고 생각한다. 그러나 현실은 그 회사가 일자리를 빼앗아가고 있다. 일상화된 구조조정이라는 명분을 내세워 정리해고하고 있다. 4차 산업혁명이 가속화되면 될수록 많은 직장인은 직장을 떠날 수밖에 없다. 그것도 반퇴, 조기퇴직을 하게 된다. 운 좋게 정리해고를 피해서 살아남아 있는 사람들은 떠난 사람들의 몫까지 일을 해야 한다. 과중한 업무에 지치고 언제 잘릴 지 모르는 불안감 때문에 스트레스를 받는다. 꿈과 희망이 사라진 직장생활을 하고 있다.

　나는 내일 어떤 길을 갈 수 있을까? 언젠가는 떠나야만 하는 직장이라면 박수 받으면서 떠나야 한다. 어디에도 평생직장은 없다. 고용은 아웃소싱이나 프로젝트같이 일이 있는 곳에 계약을 통해, 거래가 이루어지는 현물시장 거래와 비슷해질 것이다. 그러므로 직장인은 새로운 지식과 스킬을 습득하고 자신만의 재능과 역량을 계발해야 한다. 그래서 시장에서 통할 수 있는 자신만의 경쟁력을 갖춰야 한다. 자신에 대한 투자는 미래 인생의 깊이를 결정한다. 자신에 대한 투자에 따라 행복하고 보람 있는 인생을 살 수도 있고, 쫓기고 쫓겨 막다른 골목으로 몰릴 수도 있다. 그러므로 자신에 대한 과감한 투자를 통해 경력 관리, 노(老)테크를 철저하게 해서 박수 받으면서 직장을 떠나야 한다.

멧돼지와 집돼지

왜 멧돼지는 날렵하고 집돼지는 미련한가?

집돼지는 하늘을 볼 수가 없다. 하늘을 볼 수 있는 유일한 방법은
넘어져서 벌러덩 눕는 것이다.

- 이기훈 -

멧돼지는 광야에서 살아간다. 광야에서 생존하려면, 먹고살려면
자생력을 갖춰야 한다. 스스로 먹거리를 해결하기 위해서는 날렵해야
하고 경쟁력이 있어야 한다. 집돼지는 집에 가둬놓고 먹여주고 재워주
기 때문에 위기의식이 없다. 먹고 살만 찌우면 된다. 살이 찌면 자연스
럽게 게을러지고 미련해지기 마련이다. 집돼지는 사육되기 때문에 도
살당하게 된다. 새장에 갇혀 있는 새 중 대부분은 문을 열어놓아도 떠

나지 못한다. 매일 주는 모이와 물, 안락하게 흔들리는 횃대, 그들에게 익숙한 환경을 두고 알 수 없는 곳으로 떠날 수 없다. 익숙한 철창이 알 수 없는 자유보다 낫기 때문이다.

알 수 없는 것들에 대한 두려움은 넓은 하늘을 날 수 있는 자유에 맞서 대항한다. 이 심리적 싸움에서 진 대부분의 새는 새장 속에 남게 된다. 어릴 때부터 밧줄에 묶여 사육된 코끼리는 밧줄을 풀어주어도 도망가지 못한다. 오래 갇혀 길든 야생의 코끼리는 우리의 빗장을 풀어도 더욱 구석으로 들어가 몸을 웅크린다. 삶에 절망하고 있기 때문에 자유를 잊어버렸다.

직장인

자유로부터의 도피는 우리 모두에게 가장 일상적인 현상이다. 우리는 불확실한 것에 대항하는 방법을 잘 모른다. 다시 말해 다른 세상을 보지 못한다. 새장에 갇혀 있는 새의 모습, 밧줄에 묶여 있는 코끼리의 모습, 사육되는 집돼지의 모습이 현재의 직장인 모습과 너무나도 흡사하다. 그리고 직장이란 회사나 관청 따위와 같이 보수를 받으며 일하는 곳을 말한다.

그렇다면 직장인이란?

첫째, 직장에 다는 사람이다.

그러나 다수의 직장인이 직장에 다니면서 직장의 고마움을 모른다.

둘째, 직장이라는 바람막이가 있다.

직장이라는 울타리에 있으면 여러 가지로 혜택을 누릴 수 있다. 문제는 누리고 있는 혜택이 혜택인지 모른다.

셋째, 대단한 창의력을 발휘하지 않더라도 주어진 일만 열심히 하면 된다. 그리고 특별한 성과를 내지 못해도 때가 되면 월급이 나온다. 그리고 한 달을 알뜰히 살면 약간의 저축을 할 수 있다.

넷째, 풍족하지는 않지만 먹고사는 데 지장이 없다.

월급이 많든 적든 받는 급여에 맞춰서 생활하게 된다. 문제는 정년 보장이 안 된다는 것이다.

다섯째, 크게 노력하지 않아도 배짱 편하게 지낼 수 있다.

직장인은 자신이 을의 을인지도 모르면서 갑이라는 오만과 착각에 빠져 있다. 거드름을 피우고, 자신을 낮출 줄 모르는 행동과 습성에 젖어 있다. 직장인은 언젠가는 퇴직한다. 그리고 세상 속으로 나와야 한다. 그리고 먹고살려면 창업이든 재취업이든 무엇인가를 해야 한다. 그때 대다수가 실패를 경험하고 뼈저리게 좌절하게 된다. 뼈저린 좌절과 실패의 가장 큰 원인은 갑이라는 의식이 몸에 배어 있기 때문이다. 그런데 문제는 그것을 모른다는 것이다.

많은 직장인이 업무의 틀, 회사의 프레임에 갇혀 새장 속의 새가 되어간다. 멧돼지로 입사했다가 집돼지가 되어간다. 다시 말해 봉급쟁이, 회사인간이 되어간다. 그런데 직장인은 그것을 모른다. 그런 집돼지는 하늘을 볼 수가 없다. 하늘을 볼 수 있는 유일한 방법은 넘어져서 벌러덩 누워야 한다. 하지만 우리는 언젠가는 다시 야생으로 광야로 돌아가야 한다는 것을 명심해야 한다.

집돼지의 게으름, 아둔함으로는 멧돼지의 날렵함을 당할 수가 없다. 무림의 강자, 고수를 감당할 수가 없다. 그러므로 직장인은 멧돼지의 자생적인 생명력과 창조력을 잃으면 안 된다. 결국, 자율적으로 자기경영을 하느냐, 하지 않느냐가 자기 자신을 집돼지로 만들어갈 것인지 멧돼지로 만들어갈 것인지를 결정한다. 그리고 조직에서 성공하려면 조직에서 길들이고 있고, 길들여진 집돼지보다 자생적이고 창조적인 한 마리의 날렵한 멧돼지가 되어야 한다. 역설적으로 그래야 승진도 할 수 있고 정년도 보장되는 것이다.

직장인과 회사인간

미국 최고의 논평가인 크론 카이포는 "나의 성공비결은 내가 방송사를 위해 있는 것이 아니라, 방송사가 나를 위해 있다고 생각하며 열심히 일했기 때문이다"라고 말한다.

직장인 중에서 개성과 자아를 잃고 일을 위한 일을 하는 사람을 봉급쟁이, 회사인간이라고 부른다. 회사의 방침만을 조건 없이 충실히 따르고 있는 사람들도 회사인간이지만, 상사 앞에서 무기력해지고, 후배나 부하에게는 큰소리를 치는 사람들, 오로지 일만을 위해 일에 빠져드는 사람들도 회사인간이다. 그뿐만 아니라 하루에 가장 많은 시간을 보내는 회사에서 즐거움과 활기를 잃고, 개성과 자아를 잃어가는 직장인들도 회사인간이다. 그런 회사인간들은 대부분 돈을 벌기 위해서 회사에 다닌다. 돈을 벌기 위해 자신의 능력을 회사에 판다. 하지만 그러면서도 회사인간들은 자신을 회사에서 기꺼이 구매할 조건을 제시하지 못하는 경우가 많다. 즉 회사가 기꺼이 자신을 위해 돈을 지불할 성과를 올려주지 못하는 것이다. 그러다 보니 조직에서 살아남기 위해서 몸으로라도 때우게 된다. 상사의 근무시간에 따라 자신의 근무시간을 정하고, 권력 앞에서 무기력해지고 눈치를 보게 된다.

자기 인생을 사는 사람은 남과 비교하거나 남을 부러워하며 자신을 학대하지 않는다. 회사인간을 탈피하는 최고의 방법은 자신을 인생이라는 무대의 주인공으로 생각하는 데서 나온다. 자신이 회사의 부속품이 되어 회사를 위해 일하는 것이 아니라, 자신이 주인공으로 출연하는 인생의 한 무대라고 인식해야 한다.

자신을 주인공으로 보면, 모든 것이 자신을 위해 존재하는 것들이다. 회사는 주인공인 자신이 주로 많이 활동하는 무대이며, 조연으로 상사와 동료, 후배, 고객들이 출연한다. 주인공인 나를 중심으로 친구도 출연하며, 경쟁자들도 출연한다. 친한 친구들은 내 인생에 출연하는 시간이 좀 늘어나고, 그다지 친하지 않은 친구들은 엑스트라로 잠시 스쳐갈 뿐이다.

회사를 위해 일하면 회사인간이 되고, 자신을 위해 회사를 무대로 활용하면 회사가 자신의 도구가 되는 것이다. 자신을 회사에 팔러왔다고 생각하면 자신을 노예로 만든다. 하지만 회사가 자신을 위해 있다고 생각하면, 회사는 자신이 주인공으로 출연하는 인생극장의 무대가 된다.

주인공답게 생각하고 행동해야 한다. 주인공이 주인공의 역할을 하지 못하면 직무를 유기하는 것이다. 봉급쟁이는 죽었다. 회사인간은 죽었다. 많은 직장인이 직장을 축으로 살아간다. 그래서 조직, 회사가 자신을 돌봐줄 것이라고 생각한다. 그러나 현실은 그 조직이 일자리를 빼앗아가고 있다. 일상화된 구조조정이라는 명분을 내세워 정리해고를 하고 있다. 운 좋게 정리해고를 피해 남아 있는 사람들은 떠난 사람들의 몫까지 하느라 지치고, 언제 잘릴지 모르는 불안감 때문에 스트레스를 받으면서, 꿈과 희망이 사라진 직장생활을 하고 있다. 조직 내의 활력은 사라졌고 어디에도 열정은 찾아보기 어렵게 되었다.

하지만 직장인은 나를 위해 존재하는 직장이라는 무대에서 멋진 연기를 펼쳐야 한다. 그러려면 회사가 나를 위해 있다고 생각하면 안 된다. 어떤 일을 하건, 어느 위치에 있건, 급여가 많건 적건, 남들로부터 인정을 받건 못 받건, 스스로 위축되거나 초라해지면 안 된다. 그것은 직무유기다. 왜냐하면 주인공은 주인공다워야 하기 때문이다.

퇴사를 준비하라

스펙 투자비 회수 못 한다

우리네 삶에서 안정된 삶을 보장받으려면 안정적이고 좋은 직장에 들어가야 한다. 좋은 직장에 들어가려면 학교 다닐 때 치열하고 처절하게 죽기 살기로 공부해야 한다. 몇 년 전에 '강남 유치원생 오모 군의 하루'라는 제목의 글이 화제가 된 적이 있다. 유치원생 오모 군의 하루 일과표는 유치원생이 감당하기에 너무나 살인적인 스케줄이었다.

오모 군은 아침 8시에 기상해서 영어 문장 외우기, 아침 식사 후에 영어 유치원, 피아노 학원, 유치원 숙제, 영어 스피킹 과외, 저녁 식사, 엄마와 영어 동화책 읽기, 자유시간 후 10시에 취침하는 것이 일과다. 유치원, 초등학교, 중학교, 고등학교에 다니는 14~15년이라는 시간을 좋은 대학을 목표로 치열하게 처절하게 목숨 걸고 공부해야 한다.

우리나라에는 대학이 세 개가 있다고 하는 유머가 있다. 서울대, 서울대 약대, 서울대 상대가 그것이다. 서울대란 서울에 있는 대학을 말하고, 서울대 약대는 서울에서 약간 떨어진 지역에 소재한 대학을 말한다. 그리고 서울대 상대는 서울에서 상당히 떨어진 대학을 말한다고 한다. 서울대, 즉 서울에 소재한 대학에 들어가려면 조건이 세 가지가 있어야 한다. 할아버지의 재력, 엄마의 정보력, 아이의 체력이 그것이다. 그리고 덤으로 '아버지의 무관심'이 있어야 한다.

그렇게 어렵게 서울대(서울에 있는 대학)에 입학한 뒤에는 4년간 오직 취업을 위해 스펙 쌓기에 온 힘을 다해 전력 질주한다. 각종 자격증과 어학연수 등 스펙 7종 세트, 8종 세트를 만들기 위해서는 평균 2~3년의 휴학은 필수가 된 지 오래다. 그리고 남자는 군대 2년까지 합하면 장장 25년 정도의 긴 세월을 수능과 취업이라는 목표만을 위해 달려가야 한다. 그렇게 7종, 8종 스펙 세트를 갖추려면 엄청난 돈을 투자해야 한다. 좋은 직장이 안정적인 삶을 보장받을 수 있다는 착각 속에 스펙을 만들기 위해 엄청난 투자를 한다.

그런데 중요한 것은 평생 일해도 스펙 만들기에 투자한 본전을 찾을 수 없다. 왜냐하면, 투자한 투자 금액을 회수하기도 전에 회사에서 정리되는 것이 현실이기 때문이다. 그러니 직장인들에게 행복하냐고 물어보면 행복하다고 할 수가 있겠는가? "건물주라면 모를까? 월급쟁이가 뭘…"이라고 반문하는 이들이 적지 않다. 이제는 스펙에 대한 패러다임을 바꾸어야 한다. 휴지보다 못한 졸업장, 자격증 만들기에 투자할 것이 아니라 현실에서 활용할 수 있는 역량계발에 투자해야 한다.

삼십 그리고 칠십

안정된 삶을 보장받을 것 같은 좋은 직장에 어렵게 입사한 선택받은 직장인의 일상 모습은 어떨까? 평일은 회사의 것, 주말만 나의 것인 일상의 반복이 이어지게 된다. 토요일과 일요일, 이틀을 위해 평일인 월요일부터 금요일까지 5일을 희생하며 살아야 한다. 마치 인생의 30%를 위해 70%를 저당 잡힌 것이라고 할 수 있다. 이런 인생은 과연 어디서부터 어떻게 시작된 것일까? 누가 이렇게 만든 것일까? 왜 우리는 이렇게 모두가 똑같은 생각과 똑같은 환경 속에서 살게 된 것일까? 우리는 인생의 처음과 끝은 알 수 없어도 직장인의 미래는 추측해볼 수 있다. 그것은 퇴직이다. 그것도 반퇴, 조기퇴직이 될 확률이 대단히 높다. 지금은 4차 산업혁명 시대라고 한다. 많은 구루들이 '4차 산업혁명'을 다양하게 정의 내리고 있다. 한마디로 정리하면, 4차가 아닌 '死次 산업혁명'이라고 할 수 있다. 김용옥 교수는 대량학살 시대라고 표현한다. 고용 시대의 종말을 예고하는 것 같다. 2030년이 되면 국내 30대 대기업의 50%가 사라지거나 유명무실해진다(《미래준비학교》, 최윤식). 토마스 프레이(Thomas Frey)는 "2030년이 되면 전 세계 인구 중 50%가 지금의 일자리를 잃게 될 것"이라고 말했다(《학력파괴자들》, 정선주). 이런 시대에 스펙을 만들겠다는 것은 무모한 투자다. 그리고 투자비를 회수할 수도 없다.

중학교 동창들을 아주 오랜 세월 만에 만났다. 카카오톡 동창밴드에 들어갔는데, 낯이 익은 사진이 있어 메시지를 남겼더니 연락이 왔다. 중학교 3년 동안 같은 반에서 사춘기를 보낸 그런 친구들이다. 전화통화를 하고 그간의 이야기를 듣게 되었다. 7~8명의 친구가 가끔 만난다고 한다. 친구들하고 만남을 약속하고 그 약속을 기다리는데 옛날 여자친구를 만나는 것 같은 설렘이 있었다. 아주 오랜만에 만났기에 어쩔 수 없는 어색함의 시간을 갖게 되었다. 그간 어떻게 살아왔느냐를 물어보는 것도 조심스러웠다. 결론은 대학을 나온 듯한 친구는 백수로 지내는 것 같고, 중학교나 고등학교를 졸업한 듯한 친구는 현역에서 일하고 있었다. 다시 말해 스펙을 만들어 좋은 직장에 들어간 친구는 백수가 되어 있고, 중고등학교만 마치고 생활전선에 뛰어든 친구는 아직도 경쟁력을 갖고 있으면서 현역에서 일하고 있다. 식사하고 술 한잔하고 계산할 때 대학을 졸업한 듯한 친구들은 뒤로 물러나 있고 중학교만 졸업한 친구가 씩씩하게 밥값을 계산했다. 스펙이 아닌 내공이 실력임을 보여주는 좋은 사례인 것 같다.

스펙은 용도 폐기된 쓰레기

대기업의 평균 근속연수는 10년 정도 된다. 삼성전자의 평균 근속연수는 12년 정도 된다. 잘나가는 카카오는 평균 근속연수가 3~5년이라고 한다. 근속연수가 짧으니 스펙을 만드는데 투자한 투자비를 회수할 수가 없다. 그러니 스펙은 용도 폐기된 쓰레기다. 신입사원이 임원이 될 확률은 0.5~1%에 불과하다. 부장이 될 확률은 10%가 안 된다. 이 말은 100명의 신입사원이 입사했을 때, 10명이 부장이 되고 1명이 임원이 된다는 뜻이다. 나머지의 사람들 90~99명은 부장 이전에 직장생활을 마감해야 한다. 즉, 직장인 대다수는 50세가 되기 전에 직장을 떠나야 한다. 그런데 이들이 자신이 일하던 기업과 비슷한 규모의 회사로 전직해서 기존의 연봉이나 복지혜택을 그대로 누릴 수 있는 가능성은 크지 않다. 왜냐하면 자리는 많지 않고 어느 기업이나 1순위 정리 대상이기 때문이다.

이런 사정 때문에 50세를 전후해서 직장을 그만둔 사람들의 상당수는 중소기업에 재취업을 하거나 자영업자로 변신할 수밖에 없다. 그러나 아무런 준비가 안 되어 있는 직장인, 그것도 나이가 많은 직장인들이 이직이나 전직, 그리고 자영업 창업을 해도 성공할 확률이 높지 않다. 특히 대기업에서 근무하다 중소기업으로 이직해서 정착하기란 낙타가 바늘구멍을 뚫는 것보다 어렵다. 왜냐하면, 대기업에서는 스페셜리스트로 성장하는 경우가 대부분이다. 그런데 중소기업에서 요구하는 업무역량은 제너럴 스페셜리스트를 기대한다. 더 나아가 멀티 플레이어로서의 역량을 기대하기 때문이다. 그래서 어렵게 중소기업에 재취업하더라도 몇 개월 버티기가 어렵다.

헤드헌팅 회사를 경영하는 후배가 하는 말이 있다. 자기는 S그룹의 이력서를 많이 갖고 있다고 한다. 대단한 스펙을 자랑하는 인재들이지만, 50이 넘으면 재취업이 불가능하다. 왜냐하면, 그들은 대단한 스펙을 자랑하지만 눈이 높아 고액의 연봉을 기대하기 때문이다. 하지만 현실적으로 중소기업은 고액연봉을 줄 수 없다. 그리고 더욱 중요한 것은 중소기업에서는 멀티 플레이어의 역량을 기대한다. 그러나 대다수의 인재가 스페셜리스트이기 때문에 재취업이 어렵다. 50이 넘은 직장인이 스펙을 자랑해도 용도폐기된 쓰레기에 불과하다고 한다. 충격적인 말이 아닐 수 없다.

퇴사는 언제 준비해야 하는가?

회사에 입사해서 일을 배우고 역량계발하는 데 전념했던 시기를 벗어나는 때가 있다. 서서히 내가 놓인 위치와 내 앞에 펼쳐질 길이 조망되기 시작할 때, 그때 퇴사를 준비해야 한다. 그 시기는 직장생활 10년쯤이다. 입사 후 10년이면 개인차는 있겠지만, 회사에서 더 이상 배울 것이 없다. 직장인으로서 10년은 업무에서 절정기를 맞게 되는 시기다. 이때가 직장인으로서 새로운 경력 목표와 경력 관리를 해야 할 시점이다. 나이로 치면 30대 후반에서 40대 초반까지의 시기다. 이때 현실에 안주하게 되면 매너리즘에 빠지게 된다. 그러므로 이 시기에 자신만의 경력 목표를 설정하고, 경력 관리가 가동되어야 한다. 그리고 이때 세 가지를 결정해야 한다.

첫째, 현재의 회사를 계속해서 다닐 것인가? 아니면 회사를 떠날 것인가를 결정해야 한다.

10년의 직장생활 경험과 자신의 특성과 자질에 비추어 볼 때 자기만의 승부를 봐야겠다고 결심한 사람이라면, 한시라도 빨리 준비를 해야 한다. 50대에 회사에서 밀려나듯 퇴직해서 어쩔 수 없이 창업을 하면 안 된다. 왜냐하면 실패할 확률이 대단히 높기 때문이다. 그러므로 미리 자신의 경력 목표를 정하고 경력 관리를 거쳐 재취업이나 창업하게 되면 성공할 확률이 훨씬 높다.

　대구에서 막창을 주요 아이템으로 하는 식품회사에서 근무하던 김 본부장은 3년 남짓 퇴사를 준비했다. 40대 중반인 김 본부장은 작은 식품회사(막창 유통업)를 창업해 성공적으로 사업을 일구고 있다. 그가 퇴사와 창업을 결심하게 된 동기를 보면, 그의 성공은 당연한 것이다. 그는 근무하면서 가끔 5년 후, 10년 후의 자신의 모습을 생각해봤다. 그러면서 같이 근무했던 선배들을 만났다. 퇴직한 사람, 직장 상사, 임원, 그리고 다른 회사에서 근무하고 있는 친구들을 보면서 직장생활의 끝을 생각했다. 그렇게 지금 퇴사하는 것이 10년 후인 50대 초반에 퇴사하는 것보다 새로운 일을 시작하기에 유리할 것이라고 확신했다. 그리고 설령 실패하더라도 재기할 수 있는 시간이 있기 때문에 퇴사를 결정했다.

　둘째, 지금의 회사에서 직장생활을 계속할 것인가? 다른 회사로 이직할 것인가를 결정해야 한다.

　직장에서 10년 정도 근무하게 되면 과장이거나 차장의 위치에 있게 된다. 이때 자신이 조직에서 어느 위치까지 승진할 수 있을지를 가늠할 수 있다. 자신이 임원까지 바라볼 수 있다면 현재의 업무에 충실해서 임원 승진 경쟁에서 우위를 점해야 한다. 중요한 것은 승진에 필요한 성과를 만들어내야 한다는 것이다. 그리고 임원이 될 수 있는 자격조건을 갖추어야 한다. 부족한 부분이 있다면, 철저한 경력 관리와 경력 개발을 해야 한다. 임원 승진이 어렵다고 판단되면 부장이 되기 전에 임원이 될 수 있는 다른 회사로 이직해야 한다. 왜냐하면 부장이라는 직책은 자리가 많지 않고 수요만 많아서 이직하기가 싫지 않기 때문이다. 그러므로 수요가 많고 정착 가능성도 높은 과장, 차장 시기에 10년 이상 근무할 수 있는 회사로 이직해야 한다.

셋째, 현재의 직무 특성을 생각해보고 제네럴리스트로 성장할 것인지, 스페셜리스트로 성장할 것인지를 결정해야 한다.

직장인은 회사의 입장에서 보면 하나의 소모품이고 부품일 수밖에 없다. 그러므로 제네럴리스트가 될 것인지, 스페셜리스트가 될 것인지를 경력 목표로 설정해야 한다. 스페셜리스트는 자기 브랜드에 기반하며 직무 지향성을 갖는다. 반면 제네럴리스트는 조직 브랜드에 기반해 성장하고 조직 지향성을 갖는다. 그러나 회사의 규모에 따라 승진의 가능성을 판단하기가 어렵고, 전문성을 담보해내기가 어렵다고 판단될 수도 있다. 이럴 때는 상대적으로 영역이 넓은 영업 쪽으로 방향전환을 하는 것도 좋다. 그래야 정년까지 버티기가 쉽고 퇴사해서도 재취업이나 창업을 하기에도 유리하다.

타이어와 리타이어

카프카의 변신

많은 사람들이 직장을 축으로 해서 자기의 삶을 영위한다. 직장은 생계 수단, 즉 먹고사는 것 이상이라고 할 수 있다. 그리고 인생은 자신이 선택한 직업이라고 할 수 있다. 직업을 통해 사람들은 하루하루를 계획한다. 직장은 사람들에게 특정한 역할을 기대하기도 하지만 자신의 일에 대한 보람도 준다. 직장은 인생의 의미와 질서를 부여하는 제일 중요한 사항이다. 그러므로 직장인의 퇴직은 본인뿐만 아니라 가족에게도 심각한 경제적·심리적 영향을 주게 될 수밖에 없다.

직장에서의 삶은 나름대로 의미가 있다. 삶은 환경에 따라 변화해야 하고, 우리는 자신이 적응할 수 있는 환경을 선택해야 한다. 이러한 변화와 적응은 직장인에게 일상의 삶을 가능하게 해준다. 그것이 직장인의 일상적인 생활이다. 그러나 직장인의 일상은 그날이 그날 같은 날의 연속이어서 변화에 익숙하지 못하다. 그래서 새로운 변화, 약간의 변화에도 적응은 힘든 일이 되고 만다.

어느 날 아침 불안한 꿈에서 깨어난 그레고르는 자신이 흉측한 벌레로 변해버린 것을 발견했다. 카프카의 《변신》의 시작이다. 가족을 위해 상점의 외판원으로 일하던 그레고르는 어느 날 아침, 자신이 흉측한 벌레로 변해 있는 것을 발견한다. 그를 데리러 온 상사와 가족들은 그를 보고 매우 놀라고, 그레고르는 방에 갇히는 신세가 된다. 이따금 여동생이 먹을 것을 주기 위해 방문할 뿐, 그레고르는 철저히 가족들로부터 소외당한다. 생계에 어려움을 느낀 가족들이 하숙을 시작하지만, 그레고르 때문에 하숙인들이 나가 버리고, 가족과 그레고르 사이의 골은 더욱 깊어진다. 날이 갈수록 자괴감과 불면으로 고통받던 그레고르는 아버지가 던진 사과에 상처를 입은 채 방에 갇혀 죽고 만다. 가족들은 골칫거리가 없어져 다행스럽다며 평온을 되찾는다. 가족을 위해 성실하게 일하던 그레고르가 벌레의 모습으로 변하게 되자, 처음에는 동정하던 가족들도 점차 그를 혐오하고 냉대하게 된다. 이는 자신이 속했던 집단에서조차 존재를 부정당하는 것이다.

소설의 내용은 현재 직장인의 모습을 상징적으로 표현한 것 같다.

2005년 일본에서 방영해서 큰 히트를 친 바 있는 〈숙년이혼(熟年離婚)〉이라는 드라마가 있었다. 평생 가족을 위해 직장생활을 하고 명예롭게 정년을 맞고 집에 귀환한 한 남자가 그날 와이프로부터 이혼통보를 받는다는 내용으로 시작하는 드라마였다. 왕의 귀환이 아닌, 와이프한테 버림받는 드라마의 내용이 카프카의 변신과 너무도 흡사하다. 마찬가지로 현실적으로 많은 직장인이 정년을 채우고 나온다고 하더라도 집에서 대접받기가 어렵다.

타이어와 리타이어

어떤 회사에서 강의할 때의 에피소드 한 토막을 소개해보겠다. 어떤 친구가 차에 대한 해박한 지식을 가지고 있었다. 휴식시간에 그 친구의 차를 보니 카 튜닝에 엄청난 투자를 했다. 그런데 안전운전에 중요한 타이어의 상태가 굉장히 놀라웠다. 앞 타이어 한쪽이 철심이 보일 정도로 심하게 낡아 있었는데 본인만 그것을 모르고 있었다. 튜닝이 아닌 안전운행이 중요한데 말이다.

우리의 인생도 자동차의 타이어를 갈아 끼우는 것과 같다고 볼 수 있다. 인생이라는 장거리 여행을 하는 데 하나의 타이어로 계속 갈 수는 없다. 타이어가 닳게 되면 새로운 타이어로 교체해야 한다. 교체하지 않아도 될 정도의 탄탄하고 질긴 타이어라면 교체 없이 인생 여정을 끝까지 함께할 수 있다. 그러나 그것은 불가능한 이야기다. 수시로 새로운 타이어로 교체해야 한다. 그리고 타이어를 교체했다 하더라도 항상 관리해야 한다. 타이어가 펑크가 나거나 바람이 빠졌을 경우, 펑크를 때우거나 바람을 보충해야 안전운행을 할 수 있다.

현재의 상태를 알아야 새로운 미지의 세계로 여행을 할 수 있다. 나의 인생 타이어가 낡았는지, 펑크는 나지 않았는지, 바람은 빠지지 않았는지 수시로 체크해야 한다. 그런데 많은 사람이 한번 만들어놓은 스펙을 가지고 평생을 버틴다. 그것은 마치 한 개의 타이어로 폐차할 때까지 버티려고 하는 것과 같은 것이다. 타이어(Tire)란 단어에는 '자동차 바퀴'라는 뜻도 있지만, '피곤하다', '힘들다'라는 뜻도 있다. 여기에 'Re'를 붙이면 '리타이어(Retire)'가 된다. 리타이어는 '은퇴'라는 뜻이다. 그리고 리타이어는 '엄청 피곤하다'는 뜻일 수도 있다. 미국에서는 '리타이어'를 'Re(다시)+Tire(바퀴를 끼다)'라고 해석한다. 즉, 인생 후반부의 출발을 위해 바퀴를 갈아 끼우는 것으로 생각한다. 최근에는 리타이어 대신 '리와이어(Rewire)'라고 부르기도 한다. 인생 100세 시대에 우리는 강제로라도 오래 살아야 한다. 준비 안 된 리타이어(Retire)는 현직에 있는 사람들은 상상하기 힘들 정도로 힘들다. 그것도 정말 더럽게 치사하게 힘들다.

퇴직과 은퇴 사이

　퇴직은 현실이다. 퇴직은 새로운 역사를 개척하는 여정이고 시작이다. 퇴직은 한눈팔지 않고 열심히 살아온 훈장이고 명예로운 것이다. 퇴직은 끝이 아닌 또 다른 시작을 부른다. 퇴직은 마지막이 아니라 새로운 출발이다. 퇴직한다고 인생이 끝나는 것은 아니다. 100세 시대, 100년 살 것을 생각하고 움직여야 한다. 명퇴해도 60세가 안 되니, 남은 인생이 아닌 새로운 삶이 40년이나 있는 것이다. 무언가를 배우고 새롭게 출발하기에 절대 짧지 않은 시간이다.

　그리고 은퇴란 경제활동에서 물러나 한가롭게 지낸다는 뜻이다. 단순히 직장을 그만두는 것을 의미하는 퇴직과는 차이가 있다. 퇴직은 다시 일하고 소득을 얻는다는 가능성을 내포하고 있지만, 은퇴는 어떤 형태로든 먹고살기 위해 하던 일을 멈춘다는 것을 말한다. 한마디로 소득이 없어진다는 것이 은퇴다. 그리고 현실적으로 퇴직과 은퇴 사이에는 일정 시간이 존재한다. 어떤 사람은 직장에서 퇴직하고 은퇴에 들어가는 사람이 있다. 반면, 어떤 사람은 퇴직과 동시에 새로운 일을 한다.

　정년까지 근무하는 사람은 복 받은 사람이다. 지금은 반퇴 시대, 상시 구조조정의 시대다. 그래서 정년까지 채우지 못하고 50세 전후에 퇴직하는 사람이 많은 것이 현실이다. 정년퇴직을 한다고 해도 연금을 받으려면 10~20년 정도의 기간을 기다려야 한다. 퇴직 후에 10~20년 이상을 기다려야 연금을 받기 때문에 퇴사 후의 경제적 절벽, 경제적 크레바스가 생기게 된다. 크레바스(crevasse)란 빙하가 갈라져서 생긴 좁고 깊은 틈으로, 흔히 퇴직 이후부터 연금을 받기 전까지 발생하는 무소득 기간을 의미한다. 말 그대로 인생에서 소득 흐름의 거대한 틈이 생기는 것이다.

그렇다면 무소득 크레바스를 무슨 수로 뛰어넘을 수 있을까?

현직에 있을 때 절약하면서 개인연금을 들어두거나 저축을 하는 것도 방법이 될 수 있다. 퇴직할 때 일시불로 받는 퇴직금을 적절하게 배분해서 사용하는 것도 한 방법이다. 부동산을 마련해서 임대소득으로 소득 절벽을 대처하는 것도 좋다. 그리고 퇴직을 대비해서 가교직업(bridge job)을 준비해둔다면 더할 나위 없이 좋다. 그런데 퇴직 후 쉽게 접근할 수 있는 자영업에는 무작정 뛰어들면 안 된다. 잘못하면 퇴직금만 날리기 십상이다. 지금 우리나라가 치킨공화국, 커피숍 천국이 된 것은 장사가 잘돼서가 아니라 진입장벽이 낮아 쉽게 문을 열 수 있기 때문이다. 하지만 쉽게 문을 열 수 있는 만큼 쉽게 문을 닫을 수도 있다는 것을 염두에 두어야 한다. 이때의 실패는 실버 파산으로 연결된다는 것을 명심해야 한다.

우리나라 사람은 경제협력개발기구(OECD) 회원국 가운데 가장 늦은 나이에 은퇴하는 것으로 조사됐다. OECD가 펴낸 〈한눈에 보는 사회 2019(Society at a Glance 2019)〉에 의하면, 한국인이 노동시장에서 떠나는 은퇴 연령은 2017년 기준으로 남성이 72.9세, 여성이 73.1세로, 36개 회원국 가운데 가장 늦었다. OECD 평균(각각 65.3세, 63.6세)과의 격차도 상당하다. 이에 따라 일을 그만두고 남은 수명을 뜻하는 은퇴 후 기대수명은 남성이 12.4년, 여성이 15.5년으로 OECD 회원국 가운데 가장 짧았다.

한국인의 예상 수명은 남성은 85.2세, 여성은 88.6세로 OECD에서도 손꼽히는 장수(長壽) 나라다. 그런데도 은퇴 후 기대수명이 짧다는 것은 일에서 완전히 손을 놓는 은퇴 시기가 다른 나라보다 훨씬 늦기 때문이다. 왜냐하면 자녀 교육과 가족 부양에 힘을 쏟다 보니 노후준비를 할 수가 없기 때문이다. 그리고 퇴직 후 일자리라는 것이 대부분 단순노무직, 일용직 등으로 질이 낮아 노후 소득을 마련할 여력이 부족하게 된다. 그래서 나이 들어 남는 것은 팍팍한 노후의 삶이다.

은퇴는 없다

은퇴는 없다. 퇴직은 은퇴가 아니다. 55세 전후에 퇴직을 한다면, 40

년 정도의 시간이 있다. 놀고먹기에는 너무 시간이 길다. 어드바이저 인사이트(Advisor Insights) 사의 미치 앤서니(Mitch Anthony) 사장은 《은퇴혁명(The New Retirementality)》에서 "은퇴란 부자연스러운 현상이다. 재력이 있더라도 경주에서 완전히 물러나는 것은 최악의 선택이다"라고 말했다. 《풍요로운 은퇴, 새로운 현실의 이해(The Prosperous Retirement : Guide to New Reality)》의 저자인 마이클 스타인(Michael Stein)은 앞으로는 재정 문제보다 비재정적인 문제로 실패하는 은퇴자들이 더 많아질 것이라고 경고했다.

크라이슬러 자동차를 회생시켜 미국 대통령 후보로까지 거론됐던 리 아이아코카(Lee Iacocca)는 1996년 한 잡지와의 인터뷰에서 "나의 은퇴 생활은 실패했다"고 고백해 세상을 놀라게 했다. 재미있고 의미 있는 노후를 보내는 데 실패했다는 게 그 이유다. 카리브해 연안에서 열대음료를 홀짝거리며 남은 인생을 편안하게 쉬는 것이 금융계에서 제시하는 환상이지만, 편안한 생활을 누리고 있는 은퇴자들은 경주에 참여하지 못하는 것에 고통스러워하고 있었다. 리 아아이아코카는 행복한 은퇴 생활의 필요충분조건은 돈과 의미 있는 일의 균형이라는 사실을 강조한 것이다.

60세에 주위의 축복 속에 정년을 맞이하고 이제는 편안하게 여생을 보내야겠다고 생각해 30년을 아무것도 하지 않고 보낸 세월을 후회한 노인처럼 되면 안 된다. 김형석 교수는 65~80세까지는 일할 거라고 생각했다. 그런데 어떻게 하다 보니 정년퇴직하고 일한 기간이 학교에서 일한 시간보다 길어졌다고 한다.

먹기 위해서는 먹이활동을 해야 한다. 먹이활동을 하지 않는 것은 죽음을 의미한다. 사람도 살아 있음을 증명하기 위해서는 먹이활동을 해야 한다. 사람이 은퇴한다는 것은 먹이활동을 하지 않는다는 것이고 먹이활동을 하지 않는다는 것은 죽음을 의미하는 것이다. 그러므로 죽기 전까지 은퇴란 없다. 안 죽으면 청춘이다. 100세 시대에 50~60대는 아직도 청춘이고 시작하기 좋은 나이, 새롭게 다시 시작할 수 있는 골든타임이다. 지나가면 두 번 다시 오지 않을 그 황금 시간을 절대 놓치지 말아야 한다.

라이언 킹도
굶어죽는다

KBS 〈동물의 왕국〉은 아주 오래된 인기프로그램이다. 동물의 왕국에 자주 등장하는 세계 최대의 초원 아프리카 세렝게티에는 300만 마리가 넘는 동물이 살아가고 있다. 그 수많은 동물들이 각자 자신만의 생존 전략을 갖고 살아간다. 약육강식이 아닌 적자생존(適者生存)의 지혜로 살아가고 있다. 세렝게티에서는 맹수라고 해서 생존이 보장되는 것도 아니고, 초식동물이라고 해서 평생을 불안에 떨면서 도망 다녀야 하는 것도 아니다.

사자는 초원의 제왕이라고 불리지만 사자 새끼 중 태어나 1년 이상 살아남는 녀석은 50%도 되지 않는다. 태반은 굶어 죽고 경쟁자에 의해서 사라진다. 어른이 되어서도 사냥 실력이 떨어지면 굶어 죽을 수밖에 없다. 왜냐하면 능력이 좋은 초식동물이 많기 때문이다. 이 때문에 사자의 생존율은 평균 20%에 불과하다. 반면 초식동물인 하마나 코끼리, 코뿔소는 사자들이 감히 범접하지 못하는 대상이다. 잘못 덤벼들었다가는 목숨을 부지하기 어렵기 때문이다. 얼룩말이나 누, 영양 또한 결코 만만한 상대가 아니다. 달리기 실력이 뛰어난 데다 강력한 뒷발 차기로 사자의 갈빗대를 부러뜨릴 수 있어 사자는 항상 조심해야 한다. 아무리 초원의 제왕이라 하더라도 얼룩말 한 마리를 잡으려면 신중함과 치밀함이 필요하다. 동물의 왕국에서 가장 스릴 넘치는 장면인, 초식동물이 육식동물에게 일방적으로 당하는 모습은 다큐멘터리 전문가들이 1년 내내 카메라를 들이대고 있다가 건져낸 몇 안 되는 장면에 불과하다. 초원의 제왕인 사자조차 사냥 성공확률은 20~30%밖에 안 된다. 열에 일고여덟은 사냥에 실패한다.

사자도 굶어 죽는다

사자들은 모계사회를 구성해서 살아간다. 한두 마리의 수컷과 여러 마리의 암컷, 그리고 아직 성년이 되지 못한 다수의 새끼들로 구성된다. 성년이 된 암컷은 무리에 남고, 태어난 지 2년이 되어 성년이 된 수컷들은 무리를 떠나 홀로서기를 해야 한다. 이것은 근친상간을 막기 위한 나름의 생존 전략이다. 성년이 되어 무리를 떠난 청년 수사자들의 홀로서기는 생존의 시험대라고 할 수 있다. 마찬가지로 직장인은 직장의 안락함과 여유로움을 모른다. 직장을 그만두었을 때에야 좋은 시절 다 갔다는 것을 알게 된다. 독립한 청년 수사자들이 무리를 떠나자마자 깨닫는 한 가지 사실은 좋은 시절은 다 갔다는 것이다. 무리에 있을 때는 그렇게 열심히 살지 않아도 먹고살 수 있었는데 이제는 죽어라 뛰어도 토끼 한 마리 잡을 수 없다는 삶의 진실을 몸으로 깨닫게 되는 것이다. 특히 대충 적당히 눈치로 먹고살았던 놈들이 가장 먼저 현실의 희생양이 되게 된다. 즉, 사냥 실력 대신에 눈치만 있으니 굶어 죽게 되는 것이다. 홀로서기하는 청년 수사자들은 독립해서 1년 이내에 50% 이상이 죽음을 맞게 된다. 그래서 성년이 되었는데도 무리에서 나가지 않으려고 버티는 녀석들도 생기게 된다. 그러면 엄한 아버지 사자들이 냉큼 쫓아내버린다. 괜한 풍기문란을 일으키거나 입만 살아 있는 쓸모없는 존재가 되기 때문이다.

청년 수사자의 생존 전략

독립한 수사자들의 50%가 1년 이내에 죽음을 맞이한다. 하지만 어려운 홀로서기를 거뜬하게 넘기는 청년 수사자들도 있다. 독립에 성공하는 청년 수사자들에게는 나름의 처절한 생존 전략이 있다.

첫째, 동반자인 짝이 있다는 것이다.

언제나 같이 다니는 동반자, 짝이 있다. 이 짝은 같이 태어나고 같이 독립한 형제이거나 사촌 형제인 경우가 대부분이다. 수사자는 몸이 무거워 혼자서는 사냥이 힘들지만, 둘이서 협력하면 사냥 성공확률이 높아지기 때문이다. 마치 범인을 쫓는 형사들이 짝과 함께 다니듯이, 홀로서기한 수컷들은 대부분 두 마리 이상이 같이 다닌다. 청년 수사자들의 홀로서기 첫 번째 전략은 파트너십을 만들어내는 것이다. 하지만 불행하게도 형제가 없어서 나 홀로 독립을 하게 되는 수사자들도 있게 마련이다. 운이 없을 때는 운을 만들어야 한다. 나 홀로 독립한 청년 수사자는 초원을 돌아다니다가 자기와 같은 나 홀로를 만나서 의기투합해서 의형제를 결성한다. 이 의형제 관계는 《삼국지》에서 유비, 관우, 장비의 도원결의(桃園結義)처럼 대단한 형제애를 발휘한다.

둘째, 역량계발이다.

의기투합한 청년 수사자들은 초원을 돌아다니면서 열심히 힘을 키운다. 다시 말해, 역량계발을 하게 된다. 여기서의 역량계발은 처절한 역량계발이어야 한다. 그래서 자신들이 가진 힘에 자신이 생기게 되면, 기존 사자왕국의 보스에게 도전하게 된다. 역시 이럴 때도 하나보다는 둘, 셋이다. 이러한 셋이라는 짝, 동반자는 단순한 숫자가 아니다. 엄청난 파워를 발휘하게 된다. 그런데 자신들이 갖고 있는 파워를 잘못 판단해서 도전에 실패하게 되면 사자왕국의 보스에게 죽음을 맞이하게 된다. 그래서 청년 수사자들의 역량계발은 처절하다. 우리도 이렇듯 목숨을 담보로 역량계발을 하는 사자처럼 처절하고 치열하게 역량계발을 해야 한다.

셋째, 희생이다.

열심히 힘을 키운 청년 수사자는 사자왕국의 보스에게 도전해서 새로운 사자왕국을 건설하게 된다. 사람으로 치면 새로운 정권을 창출하는 것이다. 사람은 절대로 권력을 나눌 수 없다. 그런데 사자는 같이 보스 자리에 오르게 된다. 그리고 공동으로 권력을 분배하고 공동 통치를 하게 된다. 동반자에 대한 배려, 희생이 없으면 불가능한 일이다. 만약에 불의의 사고로 짝이 죽게 되면 남은 제왕은 바람 앞의 촛불이 되고 만다. 혼자서는 기회가 있을 때마다 도전을 해오는 둘 이상으로 이루어진 도전자를 막기에 역부족이기 때문이다. 물론 혼자서도 보스가 될 수 있고 제왕의 자리를 유지할 수도 있지만, 그리 오래가지는 못한다.

세한도 이야기

《논어》에 '세한송백(歲寒松柏), 송백지교(松柏之交)'란 말이 있다. '추운 겨울의 소나무와 잣나무'라는 뜻으로, '어떤 역경 속에서도 지조를 굽히지 않는 사람 또는 그 지조'를 비유적으로 이르는 말이다.

세한도(歲寒圖)는 김정희(추사, 1786~1856)가 1844년 제주도 유배지에서 수묵으로만 간략하게 그린 사의체(寫意體)의 문인화다. 세한도에는 사람들이 잘 알지 못하는 비밀이 있다. 추사는 1840년 윤상도 사건에 연루되어 지위와 권력을 박탈당하고 제주도로 귀양을 가게 되었다. 그런데 추사에게는 사제 간의 의리를 지키기 위해 두 차례나 북경으로부터 귀한 책을 구해다준 역관인 이상적(1804~1865)이라는 사람이 있었다. 세한도는 추사가 그의 인품을 '날씨가 추워진 뒤에 제일 늦게 낙엽지는 소나무와 잣나무의 지조'에 비유해서 그려준 것이다. 급할 때 찾아갈 수 있는 사람, 그런 사람이 내 곁에 있다는 것은 쉽지 않다. 추사가 세한도를 그린 나이는 59세나 60세일 것이다. 지금의 나이로 치면 팔순이 넘은 진짜 노인이라고 할 수 있다. 특히 그 시절의 제주도는 가는 길도 험하고 자칫 잘못하면 목숨도 내놓아야 하는 아주 험한 뱃길이다. 인간관계는 주고받는 관계라고 할 수 있다. 그런데 여러분 같으면 미래를 담보할 수 없는, 그것도 끈 떨어진 늙은이를 만나러 가겠는가? 그것도 목숨을 담보하는 험한 뱃길을 마다하지 않고 간다는 것은 결코 쉬운 일이 아니다.

'정승집 개가 죽으면 조문객이 문전성시를 이룬다'고 한다. 그런데 막상, '정승이 죽으면 개미 새끼 한 마리 얼씬거리지 않는다'라는 말이 있다. 직장인이 직장에 다닐 때 아주 살갑게 대해줬던 사람들도 막상 회사를 퇴직하면, 아는 척이라도 해주는 사람이 손에 꼽을 정도다. 그 많던 사람들이 3개월도 못가서 신기루처럼 사라지게 된다. 자신이 많은 도움을 줬다고 생각했던 사람들을 찾아가면 문전박대하는 것이 세상살이 인심이다. 필자는 '세한도'라는 그림의 아름다움이 부러운 것이 아니다. 끈 떨어지고 얻을 것 하나 없는 늙은 노인네에게 목숨을 담보하고 찾아오는 그런 친구가 있음이 부러울 뿐이다.

우리는 청년 수사자들의 치열한 생존 전략에서 희생과 배려를 배워야 한다. 직장인은 언젠가는 직장을 떠난다는 것을 명심해야 한다. 그때 찾아갈 수 있는 송백지교(松柏之交) 친구, 위로해줄 수 있는 진정한 동반자를 현직에 있을 때 만들어야 한다. 그리고 직장인들도 청년 수사자처럼 처절하고 치열하게 역량계발과 경력 관리를 통해서 강호에서 통할 수 있는 내공을 길러야 한다. 그래야 진정한 고수가 되어 무림에서 살아남을 수 있다.

부캐와 T자형 인간

누구나 몰려가는 줄에 설 필요는 없다. 그 누구도 아닌 자기 걸음을
걸어라. 나는 독특하다는 것을 믿어라. 누구나 몰려가는 줄에 설 필
요는 없다. 자신만의 걸음으로 자기 길을 가거라. 바보 같은 사람들
이 무어라 비웃든 간에….

- 영화 〈죽은 시인의 사회〉 -

두 친구 이야기

필자에게는 격의 없이 지내는 두 사람이 있다. 첫 번째 친구는 H중
공업의 L연수원장이다. 필자에게는 영원히 기억해야 할 고마운 친구

라고 할 수 있다. 필자에게 강의의 기회를 많이 제공해준 친구이기 때문이다. 그런데 이 친구도 한창때 명퇴를 당했다. 말이 명퇴지, 강제 퇴직이나 마찬가지였다. 입사해서 근 30년을 연수원에서만 근무했기 때문에 교육 업무에서는 둘째가라면 서러울 정도의 역량을 갖고 있는 친구다. 다양한 회사에서 스카웃 제의를 받을 정도로 기업 교육에서는 일가를 이룬 사람이다. 이 친구가 근무했던 회사가 세계 최대의 조선·해양플랜트 회사였다. 창사 이래 명퇴라는 단어를 모를 정도로 호황을 누렸던 회사였지만 조선업의 추락으로 인해 예상하지도 못했던 퇴직을 당하게 된 것이다.

교육 업무에서는 자타가 인정해주는 최고의 능력자가 재취업을 하려고 하니 갈 데가 없었다. 지인들의 추천으로 중소기업에 면접을 가보면 회사에서 요구하는 업무가 자신이 감당할 수 있는 업무가 아니었다. 이 친구가 할 수 있는 것이라고는 교육 업무밖에 없기 때문이었다. 1년 6개월 이상 재취업을 위한 노력을 했지만 허사였다. 다행히 중소기업청에서 운영하는 재취업을 희망하는 사람에게 상담해주는 자리에 취업했다. 과거에 상담사 자격증을 따논 덕분이다. 그것도 임시직이고, 연봉은 과거에 받던 급여의 30% 정도인 것 같다. 그래도 즐겁다고 한다. 새로운 일자리를 찾았고 새로운 꿈도 꾸게 되었다는 것이다.

두 번째 친구는 R기업의 P상무라는 관리본부장이다. R기업에서 우연히 강의하다 알게 되었는데, 15년 정도를 형님, 아우 하면서 지내고 있다. 그런데 이 친구의 경력이 대단한 것을 알게 되었다. 대학에서 회계학을 전공했는데 첫 직장이 제약회사였다. 업무가 회계부서에서 자금업무를 했고, 영업부서로 전환배치를 신청해서 영업을 했다. 다니던 회사를 퇴사하고 건축, 토목 설계 감리를 하는 회사에서 총무부장을 했다. 총무부장을 하면서 인사, 임금, 교육, 총무, 기획 등 관리 총괄 업무를 했다. 그리고 가끔 입찰에 관련된 업무도 지원했다. 그러다가 자동차 부품회사에 관리총괄 임원으로 스카웃되어서 자리를 옮겼다. 매출 1조 원 정도의 회사였으므로 연봉도 제법 받았다.

그러던 중, 노사분규가 발생해서 회사가 법정관리에 들어갔다. 어쩔 수 없이 사표를 내고 실업자 생활을 하게 되었다. 그러다가 R회사에 면접을 보고 총무부장으로 재취업을 할 수 있었다. 전임 총무부장들이 6개월을 버티지 못하고 퇴사를 했던 자리였는데, 그 이유는 대표의 요구사항을 수행하기가 쉽지 않았기 때문이다. 직책은 총무부장이면서 인사, 노무, 임금, 기획, ISO, 부실채권 회수 등 다양한 업무를 소화해야 했다.

이 회사는 나중에 인천 공장을 매각하고 화성에 새로운 공장을 건축하고 옮기게 되었다. 공장 부지 매입, 각종 인허가 업무, 공장 설계도 입찰, 건설회사 입찰 등 약 1,000억짜리 공장을 건설했다. 완공 후에 영업담당 이사로 발령이 나서 영업 일선에서 매출 신장을 시키기 위한 노력을 했다. 그런데 자기의 후임으로 관리총괄 업무를 하게 된 후임자가 6개월을 버티지 못하고 사표를 내고 퇴사했다. 영업의 터전을 어느 정도 잡아가다가 다시 관리총괄 담당 본부장으로 발령받고 근무를 했다. 퇴근 시간이 일정하지 않고 퇴근이 늦고 휴일도 회사에 출근하는 일이 많았다. 그래도 P상무는 일할 수 있음에 행복해하며 열심히 근무했다. 그런데 무리한 회사 확장과 급격한 매출 감소로 인해 회사에서 구조조정을 단행했다. 물론 P상무도 구조조정을 피해갈 수 없었다.

회사 대표는 회사에 높은 성과를 내고 기여했던 임원이라도 고액 연봉을 받는 사람부터 해고의 칼을 휘둘렀다. 다른 임원들은 집에서 백수 생활을 하고 있다. 하지만 P상무는 안산에 있는 D회사에 총무부장으로 재취업을 할 수 있었다. 비록 부장이고 계약직이지만 개의치 않고 근무하고 있다. 벌써 회사 대표의 신임을 받고 있어 계약연장은 물론이고 승진도 할 수 있는 분위기라고 한다.

부캐와 멀티페르소나

지금은 불확실성 시대, 다양성 시대다. 많은 일자리가 사라지고 있는 4차 산업혁명 시대에 '나는 무엇을 준비하고 어떻게 살아가야 하는가?', '나는 언제까지 회사에 다닐 수 있을까?' 직장인이라면 이 두 가지 질문에 답을 할 수 있어야 한다. 그러나 쉽게 답할 수가 없다. 불안하고 불확실한 미래가 직장인에게 부캐(부캐릭터) 만들기와 멀티페르소나에 관심을 갖게 한다. 다양한 부캐 만들기와 멀티페르소나에서 직업의 정체성을 찾고 경제적 활동을 하는 사람들을 'N잡러'라고 부른다. 'N잡러'는 T자형 인간이라고 할 수 있다. T자형 인간은 다른 분야에 대한 상식과 포용력을 갖고 있는 사람이다. 즉, 자기 분야는 기본이고 다른 분야에도 일가견이 있는 종합적인 사고능력을 가진 사람을 말한다. T자의 I는 종적으로 특정 분야의 전문지식과 능력을 갖추고 있는 스페셜리스트(Specialist)다. 한마디로 한 우물을 깊게 파는 사람이다. T자의 ㅡ는 횡적으로 다른 분야에 대한 기본적인 지식과 문제해결 능력을 고루 가진 제너럴리스트(Generalist)다. 우물을 넓게 파는 사람이다.

직장인은 언젠가는 퇴직한다. 그리고 새로운 선택 즉 창업과 재취업을 해야 한다. 창업과 재취업 준비를 위해 직장에 있을 때 경력 관리를 해야 한다. 회사에서 지원하는 경력 관리프로그램을 철저하게 이용하고 활용해야 한다. 특히 자신이 수행하고 있는 직무를 통해서 준비하면 좋다. 그러려면 먼저 구체적인 경력 목표를 설정해야 한다. 그리고 경력 목표를 달성할 수 있는 경력 경로를 설정하고 그것에 의해서 경력 관리 및 역량계발을 해야 한다. 현재 담당하고 있는 직무에 의해서 제너럴리스트가 될 것인지, 스페셜리스트가 될 것인지를 결정해야 한다. 담당 직무가 자기의 경력 목표에 도움이 안 된다면 직무를 바꾸거나 전직해야 한다. 스페셜리스트는 자기 브랜드에 기반해 직무 지향성을 갖게 된다. 하지만 제너럴리스트는 조직 브랜드에 기반해 성장하고 조직 성향을 갖는다.

예를 들어, 인사팀에는 HRM(인적자원관리)과 HRD(인적자원개발) 업무가 있다. HRM 업무를 하는 인사 담당자는 회사의 바람직한 HRM을 위해 외부 컨설팅을 추진한다. 그리고 그 추진 내용을 자신의 것으로 만든다. HRM 관련 외부 카페 등에 가입해 인맥을 넓힌다. 대기업에 다닌다면 그것이 무기가 되어 많은 정보를 얻을 수도 있을 것이다. 그리고 미래에 HRM 컨설턴트가 되겠다는 경력 목표를 갖고 있다면 갑 스타일의 태도, 즉 갑(甲)의 사고를 버려야 한다. 그리고 이 모든 과정은 현직에 있기 때문에 받을 수 있는 혜택이다. 필요하면 추가로 인력관리사, 공인노무사 등의 자격증을 취득하거나 경영대학원에 진학한다. 그리고 HRM 담당자는 이런 노력을 통해 제너럴리스트(generalist)로서 임원으로 승진할 기회가 주어진다. 앞에서 거론했던 P상무, 지금은 총무부장이 되었지만, 그는 다양한 직무를 경험하면서 축적된 지식과 경험을 자기 것으로 만들었기 때문에 재취업에 성공할 수가 있었다. 이 친구의 장점은 자기가 수행한 업무의 기안 서류와 관련 자료를 각각의 파일로 정리해서 갖고 있다. 그렇기 때문에 어떤 회사든지 간에 HRM 관련 업무인 인사, 총무, 노무, 기획, 영업 관리, 부실채권 등의 업무를 수행할 수가 있다. 현재의 P상무는 제너럴리스트, 스페셜리스트을 넘어 T자형 인재가 되었다.

HRD 업무를 하는 사람은 회사에서 임원으로 승진하기가 쉽지가 않다. 하지만 HRD 담당자는 제너럴리스트보다는 스페셜리스트가 될 기회가 많다. 특히 퇴직 후의 재취업이나 창업을 할 기회가 HRM 담당자보다는 HRD 담당자가 유리하다. 예를 들어, HRD 담당자가 기업 교육 강사라는 스페셜리스트가 되겠다는 경력 목표를 설정한다면 직무를 수행하면서 획득하는 지식과 경험, 그리고 직무와 관련된 교육기관, 강사와의 교류를 통해 인맥을 형성할 수가 있다. 그리고 외부 교육의 도입을 통한 교육 콘텐츠의 습득과 사내강사로서 활동을 통해 강사라는 스페셜리스트로 성장할 기회를 잡을 수도 있다.

만약 HRD 전문가로서 전문성을 계속해서 담보해내기가 어렵다고 생각된다면, 경력 목표를 수정해야 한다. 다시 말해, 다른 직무로의 전환이 필요하다. 예를 들어, 영역이 넓은 영업으로 경력 목표를 수정할 필요가 있다. H중공업의 L연수원장은 연수 업무의 특성상 스페셜리스트가 되기 위한 경력 목표를 설정하고 경력 계발을 해야 했다. 그런데 제네럴리스트로서의 관리 영역에만 머물러 있었기 때문에 조기퇴직 후에 재취업에 애를 먹고 경력에 맞지 않은 대접을 받고 있는 것이다. 연수원에 같이 근무했던 부하직원 중에는 강사로서의 스페셜리스트가 되기 위한 경력 관리를 해서 퇴직 후에 강사로서 왕성하게 활동하는 후배들도 있다. 그런 후배들은 회사에서 받던 연봉보다 더 많은 수입을 올리고 있다. 그뿐만 아니라 강사로서 활동에 대한 만족감과 미래에 대한 기대감도 충만해 있다.

평생직장보다 평생직업이 대세인 시대에 생존 전략은 T자형 인간이 되는 것이다. T자형 인간이 되려면 부캐 만들기와 멀티페르소나에 노력해야 한다. 우물을 깊게 파는 스페셜리스트를 지향하면서도 우물을 넓게 파는 제너럴리스트로 넓은 시각을 가지는 것을 소홀히 해서는 안 된다. 한 분야에서만 근무하면 자칫 시야가 좁아지고 다른 부서에 대한 이해가 부족해지기 쉽다. 예를 들어, 어떤 조직이든 중간 관리자 이상으로 올라가면 개인의 능력과 전문성 외에 다른 부서와 소통하고 협력을 이끌어내는 능력이 필수다. 때로는 전혀 다른 생각을 하는 조직 외부의 이해관계자들과 접촉해 입장을 관철해야 하는 경우도 있다. 결국 자신의 전문성 향상에 집중하면서도 항상 다른 분야의 일에 관심을 가지고 이해하며 소통하는 것이 필수적이라고 할 수 있겠다. T자형 인재가 되기 위해서는 회사에서 내 업무가 아닌 일을 할 기회가 생긴다면 적극적으로 참여하는 것이 좋다. 다양한 프로젝트, 다양한 TFT(task Project Team)에 참여해야 한다. 귀찮고 힘들다고 생각하지 말고 자신의 발전을 위한 좋은 기회라고 생각해야 한다. 탑을 높게 쌓으려면 기단부터 넓게 자리 잡아야 하기 때문이다.

하고 싶은 것과
할 수 있는 것

친구의 변신

친구 중에 다양한 직업 변신을 한 친구가 있다. 타자기 판매 및 수리를 하다가 컴퓨터 대리점을 했고, 조립컴퓨터가 유행하니 데스크 탑 컴퓨터 판매점을 하다가 노트북 전문 A/S 수리점을 하기도 했다. 언젠가 그 친구하고 술 한잔을 한 적이 있는데, 그는 색소폰과 클라리넷을 불면서 흥에 겨워서 요즘 새로운 변신을 시도하고 있다고 자랑한다. 그리고 개인택시 면허를 취득하기 위해서 용달 면허를 취득하고 대형 면허를 취득했다는 것이다. 3년 후에는 개인택시를 구입해서 택시 운전을 하겠다고 한다. 그렇게 그는 지금 개인택시를 운전한다. 그리고 평생직업을 갖게 되어서 행복하다고 한다.

그에게 왜 그런 준비를 했냐고 물어보니 스마트폰이 노트북을 대체하는 시대가 되어서 노트북 수리를 해서는 먹고살기가 어렵다고 생각했다고 한다. 개인택시 운전은 나이 먹어서 자식들한테 손 안 벌려서 좋고, 자기 일을 할 수 있어 좋다고 한다. 친구의 다양한 직업 변신을 보면서 '나는 어떻게 살고 있는가?', '나는 먹고살기 위해서 주변의 변화에 대처하기 위한 노력을 얼마나 했는가'를 자문해본다. 이 글을 읽고 있는 여러분은 몇 번이나 직업 변신을 시도해보았는지 자문해보라! 친구의 변신을 보면서 오랜 세월 강의한 강사로서 부끄러움만 더한다.

네 가지 종류의 직업

지금은 평생직장이 존재하지 않고 평생직업이 존재한다. 그러므로 직장에서 구조조정 당했을 때 무엇을 해서 먹고살 수 있을까? 고민만 해서 될 일이 아니다. 먹고사는 일, 즉 직업에 대해서 생각해보아야 한다. 세상에는 수만 가지의 직업이 있다. 나는 다양한 규모, 다양한 업종, 다양한 회사의 직장인들과 대화를 나누었다. 다양한 삶의 현장에서 강의하다 보면, 내가 알지 못했던 다양한 직업이 있다는 것을 깨닫게 된다. 예전에 잘나가던 직업이 지금은 신통치 못한 직업이 되기도 하고, 신통치 못했던 직업이 지금은 잘나가기도 한다.

직업의 가치를 결정하는 기준은 두 가지가 있다. 하나는 그 일을 함으로써 재미를 느끼고 신명 나고 성취감, 보람, 열정을 느낄 수 있느냐이고, 다른 하나는 그 일을 통해서 적절한 보상, 인센티브, 즉, 얼마나 벌 수 있느냐 하는 것이다. 이 기준에 근거해서 직업을 네 가지로 분류할 수 있다.

첫째, 금상첨화(錦上添花) 직업.

자신이 좋아하고, 하고 싶어 하는 일을 한다. 거기다 성취감과 보람을 느낄 수 있다. 그리고 충분한 보상, 많은 돈을 벌 수 있는 직업이 금상첨화의 직업이다. 많은 사람이 이런 직업을 갈망한다. 그러나 안타깝게도 최고의 직업을 가진 사람은 그렇게 많지 않다. 아니, 거의 없다고 해도 과언이 아니다.

둘째, 유명무실(有名無實) 직업.

자신이 좋아하는 일, 하고 싶은 일을 한다. 일에 미쳐 열정을 갖고 일을 하지만, 아직은 돈도 명예도 따라오지 않는다. 그러나 미래를 기대할 수 있는 유망한 직업이다.

셋째, 천만다행(千萬多幸) 직업.

사회적으로 인정해주고 부러워하는 직업으로 알려져 돈도 많이 벌고 명예도 얻을 수 있다. 그러나 일의 재미와 흥미를 못 느끼고 의무적으로 마지못해서 하는 직업이다.

넷째, 설상가상(雪上加霜) 직업.

자신이 좋아하는 일도 아니고, 하고 싶은 일도 아닌 일을 한다. 돈도 명예도 따라주지 않는 가장 신통치 못한 직업이다. 그러나 안타깝게도 대다수의 사람이 가진 직업이다.

필자가 강의 중에 교육생들에게 어떤 직업을 갖고 있냐고 물어보면, '금상첨화'의 직업을 가진 사람은 거의 없다. 90% 이상의 사람이 '설상가상'의 직업을 갖고 있다. 가장 신통치 못한 직업을 갖고 있으니 자기만족이 될 수가 없다. 행복할 수가 없다. 미래가 암울할 수밖에 없다. 그래서 직장인의 내면적 자기 퇴직, 즉 몸은 회사에 있지만, 마음은 살길을 찾아 헤매고 있다. 직장과 회사업무의 밖에서 마음을 달래줄 대안을 찾아 헤맨다. 설상가상의 직업인 가장 신통치 못한 직업을 가진 사람들의 특징을 보면 쥐꼬리만 한 월급을 기다린다. 그거라도 없으면 먹고살기가 어렵다. 하나 마나 한 일이라 생각하고, 재미도, 흥미도, 참신한 맛도, 도전 의욕도 없다. 지겨운 일의 되풀이, 삶에 대한 열정도 시들해가고 무덤덤해진다. 그런데 이런 직업일수록 세월은 빨리 지나가고 나이만 먹게 된다. 그리고 회사가 어려워지면 구조조정 대상에서 최우선 순위가 된다.

여러분은 지금 어떤 직업을 갖고 있는지 자문해보라! 지금 하는 일이 설상가상의 일, 가장 신통치 못한 직업이라면 당장 어떤 변신을 꾀해야 한다.

하고 싶은 것과 할 수 있는 것

취업 혹은 취직이란 직장에 다니는 상태를 뜻한다. 다니던 직장에서 퇴직하고 나서 누가 "직업이 무엇입니까?"라고 물으면 무엇이라고 답할 수 있을까? 직장에 다니면 직업이 있고, 직장을 떠나면 직업이 없다고 할 수 있을까? 직장과 직업의 혼동은 우리에게 끔찍한 결과를 안겨준다. 직장이란 출근해서 일하는 장소, 즉 사무실을 뜻한다. 직업은 직장과 관련은 있지만, 뜻은 전혀 다르다. 직업은 자신이 가진 전문적 기술로써 자기 분야에서 스스로 결과물을 만들어내고, 일정한 돈을 벌 수 있는 일(業)을 말한다. 직장에 다니면 직책, 타이틀은 주어지지만, 직업이 자동으로 생기지는 않는다. 직업이 있다는 것은 직장을 다니는 상태라기보다는 직장을 떠나서도 독립해서 일할 수 있는 상태를 뜻한다.

직장생활 수십 년을 하면서도 자신의 직업은 만들지 못하고 명퇴하는 경우가 상당수다. 직장은 나를 보호해주지 않는다. 직업만이 나를 보호해줄 뿐이다. 직장과 나의 관계는 연애이지 결혼이 아니다. 연애하는 동안은 열렬히 사랑해야 하듯이, 직장에 다니는 동안은 열심히 일해야 한다. 때로는 열렬히 사랑해야 한다. 그래야 승진도 하고 장기 근속도 할 수 있다. 그러다 애정이 식으면 다른 애인을 구하듯이 때로는 좋은 직장이 생기면 떠날 수 있어야 한다.

반퇴 시대, 나를 뽑아주는 직장을 다니기보다 내 직업을 만드는 데 도움이 될 직장과 직업을 선택해야 한다. 대다수의 사람들이 잘못된 판단에 근거해 일자리를 구한 다음에 거기에 그냥 안주한다. 그런 상태에서 좋아하는 일을 하면서 살 수 있으리라 기대하는 것은 어리석고 비현실적이다.

직업은 우리 인생의 대부분을 차지한다. 남들이 보기에 좋아 보이는 일, 당장 유망한 직업이 아니어도 좋다. 내가 평생 좋아하면서 즐기면서 할 수 있는 일을 찾는 것이 중요하다. 자신이 가진 에너지를 쏟을 수 있는 일, 자신의 열정과 연결될 수 있는 일을 찾아야 한다. 그러면 즐기면서 일할 수 있다. 그리고 일을 통해 행복해질 수 있다.

자신에게 살고 싶은 대로 살아볼 기회를 한 번은 주어야 한다. 필자는 강의 중에 직장인인 교육생들한테 가끔 질문한다. "지금 당신이 세상에서 가장 잘하는 것이 무엇인가?"라고 물어보면 명쾌하게 답을 하는 사람이 없다. 하고 싶은 일과 할 수 있는 일은 다르다. 하고 싶은 일이라고 해서 다 할 수 있는 일은 아니고, 할 수 있는 일이라고 해서 다 하고 싶은 일은 아니다. 자신이 할 수 있는 일은 학습된 것이고, 하고 싶은 일은 자신이 가지고 있는 잠재적 재능이다. 양자가 일치하면 금상첨화고, 양자가 불일치할 때는 자신의 나이와 상황에 따라 결정해야 한다. 하고 싶은 일은 미래지향적이고, 할 수 있는 일은 현재라고 할 수 있다. 그러므로 지금 돈 버는 일이 급하면 할 수 있는 일에 집중해야 한다.

지금 이대로는 안 되겠다는 생각이 드는가? 그렇다면 하고 싶은 일을 하기 위해 준비해야 한다. 하고 싶은 일이란, 자신이 가진 잠재적 재능이다. 그렇기에 가장 적게 투자하고도 큰 효율(가치)을 가진다. 또한, 인생의 보람을 느낀다. 그리고 즐겁다. 가장 중요한 것은 '내가 가장 하고 싶은 일이 무엇인가?' 하는 것을 찾아서 아는 것이다. 내가 하고 싶은 것을 이미 알고 있으면 복 받은 것이다. 이것을 몰라서 평생을 헤매는 경우도 많다.

하고 싶은 일을 찾긴 했으나 그것에 대한 자신의 능력의 한계를 안다는 경우가 있다. 젊으면 배우면 된다. 그러나 나이가 많을 땐 어렵다. 이때가 가장 비참하다. 그러므로 한 살이라도 젊을 때 할 수 있는 일을 하면서 하고 싶은 일을 찾고 준비하라. 그렇게 한 사람만이 진정한 일의 즐거움을 알고 인생이 행복해질 수 있다.

직업은 우리 인생의 대부분을 차지한다. 남들 보기에 좋은 일, 당장 유망한 직업이 아닌, 내가 평생 좋아하면서 즐기면서 할 수 있는 일을 찾는 것이 중요하다. 자신이 가진 에너지를 쏟을 수 있는 일, 자신의 열정과 연결될 수 있는 곳에서 즐기면서 일할 때 누구나 행복을 느낄 수 있다. S전자의 인사팀장은 "직장에서 행복한 사람은 공통점이 있다. 지금 하고 있는 일이 재미있는 사람은 행복한 사람이다. 지금 하고 있는 일이 좋아하는 일이라면, 그 사람은 행복한 사람이다. 그리고 지금 하고 있는 일이 미래를 담보하고 의미 있는 일이라면, 그 사람은 행복한 사람이다"라고 말한다. 직장인들이 세상에서 가장 잘하는 것은 원하든 원하지 않든 간에 본인이 수행하고 있는 회사의 직무라는 것이다.

그러므로 회사에서 내가 하고 있는 직무를 통해서 내가 하고 싶은 일을 찾아야 한다. 내가 할 수 있는 일을 찾아야 한다. 지금 회사에서 하고 있는 직무를 통해서 직업을 만들어야 한다. 지금 하고 있는 직무에서 자기 비전을 찾을 수 없고, 자기 만족이 안 되면 다른 직무로 전환해야 한다. 그래야 미래에 금상첨화의 직업, 최고의 직업을 만들 수 있다. 그리고 아름다운 퇴직은 없다는 것을 명심해야 한다.

현직에 있을 때
준비하라

1년만 먼저 준비해도 퇴직 후 인생이 달라진다

직장에서 명퇴나 조기퇴직을 당한 이후에 무엇인가를 해보려고 한다면 너무 늦다. 직장에 몸담고 있을 때, 직장이라는 따듯한 울타리가 있을 때, 그때가 세상에 나올 준비를 할 시기다. 그런데 직장인들은 출근해서 늦은 시간까지 일하다 보면 퇴직 이후를 준비할 시간이 없다. 그것이 직장인의 서글픈 현실이다. 그러나 퇴직도 현실이다. 퇴직을 준비할 시간이 없다는 핑계는 내 인생이 아닌, 남의 일, 남의 인생을 이야기하는 것과 같다. 그런 사람이 회사를 그만두고 새로운 일자리를 찾아 재취업을 하려면 쉽지가 않다. 어찌 보면 거의 불가능한 일이다. 그러므로 현직에 있을 때, 즉 직장에 다니고 있을 때 전직과 이직을 해야 한다. 그래야 경력도 인정받고 제대로 된 대접을 받으면서 재취업을 할 수 있다.

현직에 있을 때 퇴직을 준비하라

H그룹 연수원에 근무하던 김 부장은 필자에게 굉장히 고마운 사람이다. 강의 기회를 많이 제공해준 사람이다. 김 부장은 남들이 부러워하는 스펙을 갖고 있다. 거기다가 연예인 못지않은 외모를 가지고 있고, 예의가 몸에 배어 있는 사람이다. 의리까지 있었으니 모든 사람이 좋아하고 부하들로부터도 존경받고 있었다. 그리고 임원 승진이 내정되어 있던 사람이었다. 그런데 그룹의 경영악화로 인해서 갑작스러운 구조조정이 이루어지게 되었다. 당연히 연수원에도 구조조정을 할 인원이 할당되었다. 그때 의리의 사나이 김 부장이 자기가 희생을 하는 대신 연수원의 구조조정을 마무리하는 것으로 합의했다. 결과적으로 과도한 자신감이었다. 직장은 전쟁터이지만 세상은 지옥이라는 것을 모르는 순진함이 화를 부르게 되었다.

김 부장은 다행히 퇴직금을 중간정산하지 않았기 때문에 명퇴위로금을 합쳐서 1억 5,000만 원이라는 거금을 만지게 되었다. 그러나 그 돈으로는 작은 가게를 내기도 어려웠다. 다행히 아내가 1억 원을 보태고 은행에서 3,000만 원을 대출받아 총 3억 원을 가지고 프랜차이즈 복집을 창업할 수 있었다. 처음에는 장사가 잘돼서 금방 부자가 될 것 같았다. 그러나 '개업 발 3개월 간다'는 말이 있듯이 3개월이 지나니 손님이 끊겨서 어려움에 부닥치게 되었다. 결국 10개월을 버티다가 가게 문을 닫게 되었다. 물론 투자 금액 3억 원을 손해 보고 3,000만 원의 빚만 지게 되었다. 그리고 생계비조차 마련할 길이 없어 가족들 보험까지 해약했다. 다행히 친한 지인의 도움으로 퇴직한 지 2년 만에 재취업을 했다. 안타깝게도 예전에 받던 급여의 반도 되지 못하는 대우를 받고 다닌다. 그래도 고정수입이 생긴 것만 해도 다행이라고 안도한다. 김 부장은 자신의 무지와 무모한 자신감을 탓하면서 재도약의 기회를 엿보고 있다.

필자가 아는 이 부장은 퇴직 후 바로 재취업을 했다. 연봉도 전 직장보다 올랐고 5~10년 정도의 근무까지도 보장받았다. 이 부장은 김 부장과 달리 화려한 스펙도 아니었지만, 퇴직을 대비해서 철저하게 경력 관리를 했다. 경력 목표를 설정하고 그것에 맞게 역량계발을 했다. 물론 회사의 체계적인 지원 프로그램을 활용하면서 경력 관리를 했다.

퇴직 전 경력 관리를 했느냐, 안 했느냐가 퇴직 후의 인생을 달라지게 만든다. 아무 대책 없이 무모한 자신감만 가지고 회사를 퇴사한 김 부장과 달리 이 부장은 퇴직 1년 전부터 철저한 경력 관리로 재취업 준비를 했다. 그 결과 김 부장은 전 직장의 절반도 안 되는 연봉을 받지만, 이 부장은 더 많은 연봉과 장기근속까지 보장받게 되었다. 2년이 지난 지금, 이 부장은 임원으로 승진했고, 회사의 회장은 이 부장, 아니 이 상무를 뽑은 것은 신의 한 수였다고 만족해하고 있다.

김 부장과 이 부장의 차이는 무엇인가? 자기의 스펙만을 믿은 김 부장의 과도한 자신감, 막연한 기대감이 화를 불렀다고 할 수 있다. 반면 이 부장은 회사 분위기를 파악하고 철저한 경력 관리를 통해 구조조정을 실행하기 전에 전직해서 성공했다고 할 수 있다. 직장인에게 조기퇴직이냐, 아니면 정년까지 채우고 퇴직하느냐의 차이일 뿐 퇴직은 정해진 미래다. 이 부장과 김 부장의 사례에서 볼 수 있듯이 퇴직을 준비하느냐 안 하느냐, 즉 경력 관리를 했느냐, 안 했느냐에 따라 퇴직 후의 명암이 극명하게 엇갈리게 된다. 그 명암의 끝은 10년 이상의 엄청난 고통이 수반된다는 것을 명심해야 한다.

재취업! 회사를 활용하라

회사에 몇 살까지 다닐 수 있을까? 그만두면 뭘로 먹고살아야 할까? 이런 고민을 해보지 않은 직장인은 없을 것이다. 회사는 절대 개인에게 비전을 제시하지 않는다. 스스로 만들어야 한다. 분명한 것은 현직에 있을 때 그 비전과 파워를 만들어야 한다는 것이다. 회사는 당신을 언젠가는 반드시 배신한다. 그래서 내가 먼저 회사를 배신할 것인가? 아니다. 퇴직 후의 삶을 위해서라도 회사에 충성해야 한다. 회사에 충성하면서 회사에서 많은 것을 배워야 한다. 그리고 평생직장이 보장되지 않는 현실에서 재취업을 하기 위해서는 조직에서 다양한 경험을 쌓을 필요가 있다.

일본 기업은 신입사원에게 반퇴 교육을 시킨다. 도요타자동차는 20년 전부터 생애디자인(Life Design) 교육제를 시행하고 있다. 20~30대에게는 주택 보유, 자녀 교육과 같은 사회 초년생으로서 윤택한 가정을 꾸리기 위한 준비 작업을 착실히 할 수 있도록 돕는다. 학자금과 같은 가계 지출이 많은 40대에는 수입과 지출의 균형을 맞출 수 있는 재테크 교육과 함께 노후생활 계획을 작성하도록 컨설팅한다. 50대에 들어서면 퇴직 후 회사와 가정생활을 더욱 풍요롭게 보낼 수 있는 프로그램을 제공한다.

그런데 우리 기업은 조기퇴직, 명예퇴직 등 고용불안이 심화되어도 경력 관리 프로그램을 운영하지 않는 회사가 대부분이다. 소상공인진흥원에 따르면, 회사원 열 명 중 일곱 명(73.7%)은 퇴직 관련 경력 관리 프로그램을 회사가 운영해주길 원하고 있다. 그러나 경력 관리 제도를 도입한 회사는 16%에 불과하다. 회사원 대부분이 퇴직 때가 다가오면 심리적 불안(48%)과 전직의 어려움(32%)을 동시에 겪게 되는 것은 당연한 수순이라고 할 수 있다. 조기퇴직과 명예퇴직이 일상화된 반퇴 시대에는 가능하다면 한 직장에서 오래 근무하는 게 좋다. 그러면 노후를 준비할 기간도 그만큼 늘어난다.

우리나라에서도 퇴직과 관련된 경력 관리 프로그램을 도입하고 운영하는 회사가 점차 늘어나고 있다. 그러나 모든 직장인이 근무하는 직장에서 퇴직 관련 경력 관리 프로그램의 혜택을 받기 어려운 것도 현실이다. 그러므로 자신이 내·외부의 경력 관리 프로그램을 잘 활용해 스스로 경력 관리를 해야만 한다.

전직과 이직, 재취업 4P Mix 전략

기업에서는 매출 증대를 위해 '4P Mix'라는 마케팅 전략을 활용한다. 4P는 Product, Price, Promotion, Place를 의미한다. 전직과 이직, 그리고 재취업은 '4P Mix 마케팅 전략'을 활용해 전략을 수립하는 것도 필요하다.

첫째, 자신이라는 제품(Product).

'나는 어떤 제품인가?', '나는 어떤 직무에 적합한 제품인가?', '내가 지원하는 회사와 부서에 적합한 인재인가?', '나의 강점을 어필하고 경쟁자와 차별화될 수 있는 이력서와 자기소개서가 완벽하게 준비되어 있는가?' 등을 점검해야 한다.

둘째, 자신의 가치(Price).

'나는 얼마만큼의 가치가 있는 사람인가?', '기업의 입장에서 나는 임금을 지불하고 고용할 만한 가치가 있는 사람인가?', '자신의 가치를 면접을 통해서 보여줄 수 있는가?' 하는 것을 점검해야 한다.

셋째, 자신의 홍보(Promotion).

'나를 어떻게 홍보할 것인가?', '나를 채용하게 만드는 활동, 차별화된 PR 방법은 무엇인가?' '취업 명함 제작, 취업 카페나 동아리 가입' 등을 점검한다.

넷째, 자신의 유통(Place).

'어떤 방법으로 취업 문을 열 것인가?', '취업과 관련한 정보(취업포털 사이트, 서치펌, 채용 대행회사 등)는 충분히 보유하고 있는가?', '자신만의 취업 성공 인적 네트워킹은 충분히 가지고 있는가?'를 검토하고 부족한 부분을 수정·보완해야 한다.

S자동차의 권 과장은 15년 동안 승진을 하지 못한 만년 과장이다. 공업고등학교를 졸업하고 지금의 회사에 입사해서 30년 남짓 근무하고 있다. 그동안 회사는 몇 번의 M&A를 통해 경영권이 바뀌었다. 당연히 구조조정을 통해서 많은 동료가 해고를 당했다. 품질관리와 ISO 업무를 하는 그는 고졸이었기 때문에 구조조정을 피해갈 수 있었다. 아마 다른 관리자보다는 급여가 적어서 그랬던 것 같다. 그런 격변의 시간 속에서 '자신이 회사에서 근무할 수 있는 시간이 얼마나 될까?' 하는 고민을 하게 되었다. 그리고 '회사를 퇴직하게 된다면 무엇을 해서 먹고살 수 있을까?'라는 고민도 했다. 그래서 재취업 4P Mix 전략을 수립했다.

그는 초고령화 시대에 실버를 타깃으로 마술사가 되겠다는 경력 목표를 설정했다(Product, Price). 그래서 매직을 전공할 수 있는 매직 전문대학교에 진학했고 졸업했다(Place). 그리고 마술사 동호회에 가입하면서 인맥을 넓히고 서로 도움을 주고받는 관계가 되었다(Promotion). 틈틈이 매직 공연도 하면서 약간의 부수입도 올리고 있다. 그리고 회사의 프로그램을 활용해서 외부에서 다양한 교육을 받고 있다. 필자의 강의 역시 회사를 활용해서 수강했다.

그는 필자의 강의를 듣고 전문강사로서의 경력 목표를 설정했다(Price). 그래서 회사연수원에서 근무하기 위한 사내 물밑 작업을 하고 있는데 조만간 실현될 것 같다. 자신의 경력 목표를 달성하기 위해서 방송통신대학에 편입해서 공부를 하고 있고, 졸업 후에는 대학원에 진학하겠다는 계획도 가지고 있다. 권 과장은 고졸이라는 불이익보다는 그것을 극복하고 회사를 활용해서 자신의 경력 목표를 달성하기 위한 노력을 하고 있다. 지금도 필자와 연락을 주고받고 있다. 그리고 가끔 만나서 한잔 술을 기울이면서 우정을 쌓고 있다.

퇴직은 남의 일이 아니다. 퇴직은 현실이다. 그것도 반퇴, 조기퇴직이 일상화되어 있는 시대다. 결코, 아름다운 퇴직은 없다는 것을 명심해야 한다. 그러므로 퇴직 이후를 평소에 준비해야 한다. 회사의 경영 흐름을 잘 파악해 이 부장이나 권 과장처럼 미리미리 준비해야 한다. 1년만 먼저 준비해도 퇴직 후 인생이 달라진다. 반면, 퇴직 이후를 준비하지 않으면 퇴직 후, 자신뿐만 아니라 가족 모두가 감내하기 힘든 고통이 따른다는 것을 명심해야 한다.

Chapter 3.

Third Age(인생 3막)

: 박사와 밥사 사이

삶의 여섯 가지 저글링

"누에 늙어 고치 되어도 제 몸은 못 가리고, 벌은 굶주리며 만든 꿀 다른 이가 차지하네. 알아두세, 늙어서도 집안 걱정하는 자(者) 두 벌레의 헛수고 같다는 것을…."

– 백낙천(당나라 시인) '자경시(自警詩)'에서 –

나이 들어 후회하는 아홉 가지

퇴직했거나, 퇴사를 앞둔 50세 이상에게 살아오면서 무엇을 가장 후회하고 있는지에 대해 설문을 했다(KDB 대우증권). 그러한 설문 조사를 토대로 KDB 대우증권에서는 직장에 다니는 동안 미래를 준비하고 싶은 사람, 무엇을 어떻게 어디서부터 준비해야 할지 막막한 사람, 그리고 지금 당장 실천할 수 있는 구체적인 준비 방법을 알고 싶은 사람에게 다음과 같은 좋은 방법을 제시하고 있다.

첫째, 더 많이 저축하라.

경제적 어려움을 은퇴 후 가장 큰 문제로 꼽았다.

둘째, 노년을 함께할 친구를 만나라.

친구가 없다면 외롭고 쓸쓸한 노년이 된다.

셋째, 건강을 관리하라.

특히 치아를 소중히 하라. 건강의 중요성은 누구나 다 알지만, 젊을 때는 모른다.

넷째, 배움을 멈추지 말라.

그래야 인생 2모작, 3모작이 가능하다. 그러므로 공부를 멈춰서는 안 된다.

다섯째, 평생 할 취미를 만들어라.

등산이나 산책처럼 부부나 친구끼리 함께할 수 있으면 더 좋다.

여섯째, 일기를 쓰라.

자신의 삶이 허무하고 덧없이 느껴질 때 발자취를 돌아볼 수 있도록 기록을 남겨라.

일곱째, 연금과 보험을 들어라.

노년기에 드는 목돈은 대부분 건강 비용이다. 안정적 생활비와 질병에 대비해야 한다.

여덟째, 여행을 많이 하라.

자식 키우느라 여유가 없겠지만 과외 하나쯤 줄이고 그 돈으로 여행을 즐겨라.

아홉째, 좀 더 도전하라.

평생 살아오면서 가장 후회되는 건 도전하지 않았던 것이다.

의미 있는 인생을 살아간다는 것은 나이 들었다고 해서 젊을 때와 크게 다르지 않다. 그래도 내 삶을 좀 더 의미 있게 꾸리고 싶다거나 새로운 삶을 향한 태도나 다짐, 그리고 조금은 더 성숙하려면 패러다임 자체를 바꾸는 용기가 필요하다. 그리고 인생의 후반전에는 배우자와 자식에 관한 관심과 집중을 줄이고 나 자신을 위해 사는 것도 중요하다. 다른 사람의 평가를 의식하지 않고 자유로워져야 한다. 그래야 진정한 나로 살아갈 수 있다.

멋진 저글러가 돼라

사람들은 퇴직을 은퇴라고 한다. 하지만 퇴직은 은퇴가 아니다. 은퇴는 없고 새로운 시작일 뿐이다. 퇴직 후의 삶에 태클을 거는 위험요소가 있다는 것을 명심해야 한다. 창업 실패, 금융사기, 중대 질병, 황혼이혼, 성인 미혼자녀 동거 등이 그것이다. 인생의 태클을 거는 위험요소를 잘못 관리하면 인생의 후반전에 실버 파산으로 귀결된다는 것을 명심해야 한다. 그러므로 나이를 먹을수록 자신의 꿈(Dream)을 실현하기 위해 여섯 가지를 가지고 저글링할 수 있어야 한다.

여섯 가지란, 바로 건강, 가족, 재산, 일, 친구, 취미를 말한다. 어찌 보면 삶은 여섯 개의 공으로 하는 저글링이라고 할 수 있다. 동서고금을 막론하고 사람 사는 데 중요하게 여기는 가치는 모두 비슷하다. 행복한 삶을 위해서는 이 여섯 개의 공을 떨어뜨리지 않고 온전히 돌려야 한다. 그러나 저글링을 실제로 해보면 생각만큼 쉽지가 않다. 심지어 돌려야 하는 공이 세 개를 넘어가면 마음은 바빠지고 어깨에 힘만

잔뜩 들어간다. 그래서 우리 삶이 이렇게 힘들고 고달픈 건 아닌지 모르겠다. 여섯 가지를 구체적으로 알아보자.

첫째, 건강(健)이다.

건강을 잃으면 모든 것을 잃는다. 아프면 라면 한 그릇도 못 먹는다. 건강해야 맛있는 것도 먹을 수가 있고, 그 맛을 느낄 수가 있다. 그런데 많은 사람이 자기의 삶에 충실하다 보면 건강 돌보기가 쉽지 않다. 건강은 있을 때 관리해야 한다. 그리고 부지런해야 한다. 무엇보다 중요한 것이 건강 저축이라는 것을 명심해야 한다. 장수(長壽)가 중요한 것이 아니다. 아프지 않고 오래 사는 것, 건강하게 오래 사는 것, 즉 건강 수명이 중요한 것이다.

둘째, 가족(妻)이다.

가족 중에서도 배우자가 중요하다. 마지막까지 내 곁에 남는 사람, 여보, 당신! 여보(如寶)라는 말은 '보배와 같다'라는 말이고, 당신(堂身)은 '내 몸과 같다'라는 말이다. 그런데 퇴직 후의 부부관계가 좋지 않다. 특히 황혼이혼이 급속히 증가해 전체 이혼에서 1위가 되었다. 퇴직 후의 좋은 부부관계를 위해 현직에 있을 때부터 준비해야 한다. 지금부터 연애 시절처럼 배우자와 교제하고 연애해야 한다. 그리고 자녀들과의 관계도 다시 한번 생각해야 한다.

셋째, 재산(財)이다.

인생의 3대 실패자가 있다. 청년 출세, 중년 상처, 노년 무전이 그것이다. 나이 들어 돈이 없으면 여러 가지로 힘들고 불편하다. 종일 바쁜 사람은 돈 벌 시간이 없다는 말을 가슴에 새기고, 돈 버는 기술에 관한 공부를 부지런히 해야 한다.

넷째, 일(事)이다.

노년에 할 일 없이 놀고먹는 것, 한가로운 것은 감내하기 힘든 고통이다. 현직에 있을 때 철저한 경력 관리를 통해 퇴직 후의 일을 만들어야 한다. 30~40년을 놀고먹기에는 너무 시간이 길다.

다섯째, 친구(友)다.

지금은 우(友)테크의 시대다. 우리는 지금껏 앞만 보고 달려오느라 친구 사귀는 것을 등한시했다. 친구가 많으면 건강하고 오래 살 수 있다. 믿고 의지할 친구가 많으면 든든한 패를 쥔 것과 같이 퇴직 후, 은퇴 후의 인생이 행복할 수 있다.

여섯째, 취미(趣)다.

퇴직자, 은퇴자들의 문제점 중의 하나가 노는 기술이 없다는 것이다. 먹고살기 바쁘고 직장에 얽매이다 보면 취미생활을 할 수 있는 여유 시간이 없는 것이 현실이다. 하지만 행복한 노년을 위해서 지금부터 몇 가지 취미를 배워야 한다.

그렇다면 어떻게 하는 것이 행복한 인생의 저글링일까?

먼저, 한 번에 여섯 개의 공을 다 돌리려는 생각을 버려야 한다. 한두 개의 공을 잠시 내려놓아도 괜찮다. 살다 보면 자녀에게 관심과 사랑이 꼭 필요한 시기가 있고, 일도 집중해야 할 순간이 따로 있음을 알게 될 것이다. 결국 동시에 몇 개 공을 어떤 공을 돌릴지는 저글러(juggler)인 내가 선택하면 된다. 그때그때 상황에 맞게 공을 바꿔가면서 돌릴 수 있는 마음의 여유가 필요할 뿐이다.

한편 공을 돌리다 보면 다른 사람의 저글링이 궁금해지게 마련이다. 하지만 남의 공과 비교하고 남의 저글링 솜씨에 현혹되는 순간, 내손 안의 공들이 중심을 잃고 흐트러지거나 떨어질 수도 있다. 그저 내호흡과 손놀림에 집중해서 리듬을 깨뜨리지 말아야 한다. 왜냐하면 공은 떨어져도 다시 튄다. 혹시 떨어졌다 다시 튀어 오른 공에 스크래치가 났다 해도 걱정할 필요가 없다. 그 스크래치는 삶을 알아가는 과정이자, 미래를 만드는 소중한 경험이 되기 때문이다.

아프면 라면 한 그릇
먹을 수가 없다

장수는 축복이어야 한다

장수는 축복이어야 한다. 오래 사는 즐거움을 즐기려면 건강해야 한다. 아프면서 오래 사는 것은 고통이다. 버스가 떠나고 손을 흔들어 봐야 태워줄 버스는 없다. 태워줄 수도 없다. 건강을 잃으면 모든 것을 잃는 것이다. 건강 잃고 건강 타령을 해보아야 소용이 없다. 병원에서 투병하는 사람들의 꿈은 돈도 명예도 아니다. 오직 하나, 건강하게 살고 싶다는 것이다. 건강하게 오래 사는 것이 축복이다. 최근 인기를 끌고 있는 〈나는 자연인이다〉라는 TV 프로그램이 있다. 하지만 자연인이라고 불리는 사람들에게 무슨 낭만이 있겠는가? 무슨 꿈이 있겠는가? 병원에서 치료하기 힘든 병 때문에 마지막으로 자연에 의지해서 사는 분들이 대다수일 것이다. '자연이 좋다', '공기가 좋다', '풍광이 좋다'라는 말은 방송용 멘트다. 사랑하는 가족과 친구들을 등지고 산속에서 혼자 지내는 것이 행복할 수는 없다.

아프면 라면 한 그릇 먹을 수가 없다. 건강해야 먹고 싶은 것도 먹을 수가 있다. 돈 가방을 짊어지고 요양원에 간다고 해도 아무런 소용이 없다. 돈이 많아 병원 특실에 입원한다 해도 독방이면 무슨 소용이 있겠는가! 경로당 가서 학력을 자랑해보아야 누가 알아주겠는가! 늙으면 있는 사람이나 없는 사람이나 모두 똑같아진다. 배운 사람이나 못 배운 사람이나 똑같아진다. 세계적인 갑부나 중국의 진시황은 돈이 없어 죽었는가? 건강만 있으면 대통령 또는 천하의 갑부도 부럽지 않은 것이다. '전분세락(轉糞世樂)'이라는 말이 있는데, 즉 '개똥밭에 뒹굴어도 세상은 즐겁다'라는 의미다. 아파 보아야 건강의 가치를 알 수 있고, 늙어보아야 시간의 가치를 알 수 있다. 지난날에 잘나갔던 영화는 모두 필름처럼 지나간 일이고 돈과 명예는 아침 이슬처럼 사라지고 마는 허무한 것이다.

건강 수명, 건강 저축

'일병장수(一病長壽)', '무병단명(無病短命)'이라는 말이 있다.

일병장수(一病長壽), 한 가지의 병이 있으면 오래 살고, 무병단명(無病短命), 병이 없으면 일찍 죽는다는 의미다. '사람이 한 가지의 병을 갖고 있으면, 평소에 늘 그 병을 치료하며 몸 관리 즉 자기관리를 하므로 오래 살게 된다'는 의미다. 그리고 '사람이 병이 없으면 건강에 대해 자신 또는 과신해서 평소에 몸 관리를 하지 않게 되므로 나중에 병이 생기면(많이 진전된 상태 또는 합병증 등으로) 대책 없이 빨리 죽는다'는 의미다. 건강은 건강할 때 지켜야 한다. 그리고 나이 들어 인생을 즐겁게 살려거든 건강 저축을 해야 한다. 그래서 건강 수명을 늘려야 한다.

건강 수명 늘리는 방법

첫째, 병에 관한 공부를 해야 한다.

생로병사(生老病死)는 삶의 이치다. 늙는다는 것은 나이를 먹었다는 것이고, 나이를 먹었다는 것은 몸이 늙어간다는 것이고, 몸이 늙으면 자연스럽게 병이 오게 된다. 특히 고혈압, 당뇨 등을 관리하려면 자신이 스스로 병에 관한 공부를 해야 한다. 장수국가 일본에서도 당뇨·비만·고독이 장수의 적이다. 특히 혈관 건강 즉 혈압, 혈당, 콜레스테롤을 관리해야 한다. 건강한 혈관을 위한 정상 수치는 혈압 120/80mmHg 미만, 공복 혈당 100mg/dL 미만, 당화혈색소 5.5 이

하, 콜레스테롤 200mg/dl 미만을 평소 꾸준히 체크하고 관리해야 한다. 특히 당화혈색소를 5.5 이하로 관리해야 한다.

필자는 전국을 다니면서 많은 기업에서 강의를 한다. 그러다 보니 체력이 감당을 못하게 되었다. 그래서 체력을 보강하기 위해서 헬스클럽에 20년 넘게 다니고 있다. 그리고 20년 이상 등산을 하고 있다. 살다 보면 신이 가끔은 선물을 준다. 여기에서 선물은 큰 병을 말한다. 갑상선암을 선물 받아서 수술하기도 했다. 갑상선암 수술로 6년간 정기적으로 다양한 검사를 하게 되었다. 하지만 헬스를 하고 등산하러 다닌 덕분에 건강이 빨리 회복되었다.

한 번은 도로를 걷다가 발목을 접질러서 복숭아뼈를 다치게 되었다. 통깁스를 하고 목발을 짚고 다니면서 강의했다. 6개월간 운동을 못 하고 송년 모임에 참석하면서 무리했더니 당뇨가 왔다. 강북삼성병원에서 당뇨병 치료 및 관리를 하고 있다. 그런데 오랜 시간 혈액검사를 하면서도 정상 당 수치가 얼마고, 당화혈색소가 무엇인지도 몰랐다. 강의 중에 교육생들에게 당화혈색소가 무엇이냐고 물어보면 아는 사람이 거의 없다.

당뇨는 하루아침에 오는 것이 아니다. 상당히 오랜 시간에 걸쳐서 오는 것이다. 우리나라 사람은 탄수화물 위주의 식사를 하기 때문에 마흔 살을 넘기면 많은 사람이 당뇨 전 단계에 접어들게 된다. 이때 철저하게 관리하면 당뇨병에 걸리지 않게 된다. 나도 당뇨병이라는 선물을 받기 전까지는 몰랐다. 건강검진 받고 의사가 "공복혈당이 높습니다"라고 말할 때 무슨 의미인지 몰랐다. 아니 관심도 없었다. 평소에 헬스하고 등산을 열심히 하니 건강에 자신이 있었기 때문이다. 무관심은 무지를 낳는다고 했다. 인생에서 먹는 즐거움이 50%라고 하는데, 당뇨병에 걸리니 먹는 것도 조심스럽다. 의사에게 진료를 받으면서 병관리를 하는 것은 중요하다. 하지만 그것보다 더 중요한 것은 본인이 철저하게 공부해서 병을 극복하고 관리해야 한다. 필자도 당뇨병에 대한 신호가 온 것을 모르고 방치했기 때문에 당뇨가 오게 되었다. 당뇨병에 걸리니 여간 힘들고 불편한 것이 아니다. 시간과 비용 역시 만만치 않게 든다.

두 번째는 근육 저축이다.

근육은 골격근육, 심장근육, 내장근육 등 다양하다. 심장근육은 수축을 반복하며 혈액이 온몸을 돌게 한다. 내장근육은 위나 대장이 연동운동을 통해 음식물을 나르게 한다. 근육은 생명 유지에 꼭 필요한 활동을 한다. 탄수화물과 지방을 태워 힘을 만들어내기도 한다. 그런데 건강한 사람이라도 마흔 살 이후 매년 근육이 줄어든다. 심하면 해마다 1%씩 감소하는 사람이 있다. 운동하지 않고 음식 섭취에 문제가 있으면 더욱 감소한다.

근육의 중요성은 사고나 병으로 오래 입원할 경우 절감한다. 운동을 못 하고 음식도 제대로 먹지 못한 채 장기간 누워 지내면 근육이 눈에 띄게 줄어든다. 근육 감소가 두드러지는 근감소증까지 오면 생명까지 위협받을 수 있다. 입원 전 근력 보강에 소홀했던 환자는 급격히 상태가 악화된다. 근감소증이 있는 환자는 평균 2년 8개월의 생명 단축과 합병증이 증가한다는 연구 결과가 있다. 골격근육은 몸무게의 40% 정도를 차지할 정도로 체내 비중이 높다. 우리 몸은 버팀목인 골격을 유지하기 위해 수천 개의 근섬유로 구성된 하나의 근육이 서로 연결되어 기둥 역할을 한다. 그런데 단백질이 점차 사라지면 근육 소모가 증가하면서 몸은 극도로 쇠약해진다. 질병 자체보다 근육 부족으로 사망할 수도 있다.

　　필자는 교통사고로 두 달간 병원에 입원한 적이 있다. 사고 현장에서 차를 폐차장으로 견인할 정도로 큰 사고였다. 보험회사에서 사고의 영상을 보고 죽지 않은 것이 천만다행이라고 했다. 굉장히 큰 사고였지만 죽지 않고 살 수 있었던 것은 헬스클럽에 다니면서 저축해놓은 근육 덕분인 것 같았다. 건강할 때 근력 운동을 열심히 해 몸 곳곳에 근육을 비축해둔 환자는 회복이 빠르다. 오래 누워만 있어도 비상식량이 많아 골격근육의 단백질까지 꺼내 쓸 필요가 없다. 건강한 사람이라도 팔다리 근육이 줄면 당뇨병 발병 위험이 커진다. 근육량은 건강의 바로미터라 할 수 있다.

세 번째는 걷기 운동을 많이 해야 한다.

많이 걸어야 한다. 나무는 뿌리가 먼저 늙고 사람은 다리가 먼저 늙는다. 사람은 다리가 튼튼하면 병 없이 오래 살 수 있다. 사람의 다리는 기계의 엔진과 같다. 엔진이 망가지면 자동차가 굴러갈 수 없다. 사람이 늙으면서 가장 걱정해야 하는 것은 머리카락이 희어지는 것도 아니고 피부가 늘어져서 쭈글쭈글해지는 것도 아니다. 다리와 무릎이 불편해 거동이 어려워지는 것을 제일 걱정해야 한다. 걷기 운동은 체중 조절, 심뇌혈관 건강 개선, 골다공증 예방, 근력 강화, 활력, 행복감 증대, 치매 예방의 효과가 있다.

미국에서 발행하는 〈예방(Prevention)〉이라는 잡지에 장수하는 사람의 전체적인 특징에 대해 다리 근육에 힘이 있는 것이라고 정의했다. 장수하는 노인들은 걸음걸이가 바르고 바람처럼 가볍게 걷는 것이 특징이다. 두 다리가 튼튼하면 백 살이 넘어도 건강하다. 두 다리는 몸무게를 지탱하는데, 이는 고층건물의 기둥이나 벽체와 같다. 사람의 전체 골격과 근육의 절반은 두 다리에 있으며, 평생 소모하는 에너지의 70%를 두 다리에서 소모한다.

사람의 몸에서 가장 큰 관절과 뼈는 다리에 모여 있다. 젊은 사람의 대퇴골은 승용차 한 대의 무게를 지탱할 수 있는 힘이 있으며, 슬개골은 자기 몸무게의 아홉 배를 지탱할 수 있는 힘이 있다. 대퇴부와 종

아리의 근육은 땅의 인력과 맞서 싸우며, 늘 긴장 상태에 있으므로 견실한 골격과 강인한 근육, 부드럽고 매끄러운 관절은 인체의 철의 삼각을 형성해 중량을 지탱하고 있다. 두 다리는 사람의 교통수단이다. 다리에는 온몸에 있는 신경과 혈관의 절반이 모여 있으며, 온몸에 있는 혈액의 절반이 흐르고 있다. 그러므로 두 정강이가 튼튼하면 경락이 잘 통해 뇌와 심장, 소화계통 등을 비롯해 각 기관에 기와 혈이 잘 통한다. 특별히 넓적다리의 근육이 강한 사람은 틀림없이 심장이 튼튼하고 뇌 기능이 명석한 사람이다.

일흔 살이 넘은 노인들이 한 번에 쉬지 않고 400m를 걸을 수 있으면, 그렇지 못한 또래의 노인들보다 6년 이상 더 오래 살 수 있다. 오랫동안 걷고 걷는 속도가 빠르며 바람과 같이 가볍게 걸으면 건강하게 오래 살 수 있다. 노쇠는 다리에서부터 시작한다. 그렇다면 어떻게 해야 다리를 튼튼하게 할 수 있을까?

쇠는 단련해야 강해진다. 쇠붙이를 불에 달구어 망치로 두들겨서 단단하게 하는 것을 단련이라고 한다. 연철은 단련하지 않으면 강철이 되지 않는다. 칼을 만드는 장인이 무른 쇳덩어리를 불에 달구어 수만 번을 망치로 두들겨야 명검을 만들 수 있다. 사람의 다리도 마찬가지다. 단련해야 한다. 다리를 단련하는 가장 좋은 방법은 걷는 것이다. 다리는 걷는 것이 임무다. 다리를 힘들게 하고 피곤하게 하고 열심히 일하게 하는 것이 단련이다. 다리를 강하게 하려면 걸어야 한다. 특히 등산을 하면 좋다. 필자는 백두대간을 두 번 종주했다. 춘천 환종주, 한강기맥, 땅끝기맥을 종주했다. 그리고 세 번째 백두대간 종주에 도전하고 있다.

> 걷는다는 것은 산다는 것과 동의어일지도 모른다.
> 한 팔이 앞으로 가면 다른 팔은 뒤로 간다.
> 한 발을 앞으로 내밀면 다른 발은 뒤에 남는다.
> 두 팔의 어긋남과 두 발의 어긋남의 연속이 걷는 모습이다.
> 그래, 어긋남의 반복이 삶이었구나.
> 흔들리면서 한 방향으로 가는 것이었구나
>
> — 신광철, '걷다' —

나이 들어 인생을 즐겁게 살려거든 건강 저축을 해야 한다. 그러려면 병에 관한 공부를 해야 한다. 그리고 근육 운동을 해서 근육 저축을 해야 한다. 그리고 걷고 또 걸어야 한다. 그렇게 건강 수명을 늘려야 한다. 버스가 지나고 나서 손을 흔들면 태워줄 사람 아무도 없듯이, 세월 다 보내고 뒤늦게 건강 타령을 해보아야 소용이 없으며, 천하를 다 잃어버려도 건강만 있으면, 그 누구도 부럽지 않다.

열심히 일한 당신,
당신의 자리가 없다

왕의 귀환은 없다

50~60대 여성들을 대상으로 퇴직 후 인기 있는 남편을 조사했다. 요리 잘하는 남편, 건강한 남편, 싹싹한 남편, 집안일 잘 도와주는 남편 등이었다. 그런데 가장 인기 있는 남편은 뭐니 뭐니해도 낮에 집에 없는 남편이다. 퇴직 후 집에 붙어 있어봤자 좋을 게 없다는 뜻일 것이다.

수십년 간 가정을 위해 경제활동, 즉 돈을 벌어오느라고 고생만 했던 가장의 삶, 가장으로서 한눈팔지 않고 거의 앞만 보고 달려오느라 옆을 보거나 뒤를 돌아볼 겨를이 없었다. 충실한 가장으로서의 역할을 수행하고 퇴직하고 평생 일궈온 자신의 가정으로 돌아올 때, 많은 가장들은 가족들이 왕의 귀환을 맞는 것처럼 환영해줄 것이라 기대를 가질 것이다. 그러나 현실은 왕의 귀환이 아니라 귀찮은 존재의 귀환이다. 오랜 세월 가정을 위해 직장생활을 해온 남편과 아버지의 퇴직 후 삶은 가족들의 냉대와 무관심, 그리고 급격히 변한 생활패턴 때문에 하루하루가 지옥일지도 모른다. 하지만 가족들의 삶도 힘들고 괴롭기는 마찬가지일 것이다. 남편 없는 삶에 익숙해 있던 아내, 그리고 아버지 없는 삶에 익숙해 있던 자녀들이 퇴직한 남편, 아버지의 간섭과 가부장적인 행동 때문에 하루하루가 고통일지도 모른다.

울산의 H중공업의 현장관리자를 대상으로 몇 년간 다양한 내용을 가지고 강의한 적이 있었다. 이분들은 남들이 부러워할 정도의 고액연봉을 받고 무난히 정년까지 직장생활을 하는 사람들이다. 이 교육생들에게 그들 선배님의 퇴직 후 삶이 어떤지 물어보았다. 먼저 퇴직한 선배들은 몇 달은 아침 먹고 아파트 뒷산의 정자에 가서 오전 시간을 보내고 점심 식사를 한 후, 뒷산의 정자에 갔다 오면 하루가 간다고 했다. 그리고 처음에는 부인이 밥도 차려주고 극진히 대접을 해주는 등, 신경을 좀 쓰는 것 같더니, 한두 달 지나고 나니 노골적으로 귀찮아하더란다. 그리고는 "밖에 나갈 일이 없느냐?", "친구들하고 식사약속이라도 좀 잡아라"라고 하는 등 눈치를 팍팍 주면서 가장인 자기를 밖으로만 내몰려고만 한다.

그런데 아무리 생각을 해봐도 갈 곳이 없고, 만날 사람도 없고, 회사의 후배들하고 만나는 것도 한두 번이지, 정말 괴롭다고 한다. 그래서 같은 아파트 단지에 사는 동료 퇴직자들끼리 모여서 시간을 죽인다. 왜 이런 일들이 일어나는 걸까? 직장생활을 하던 시기에 가족들과 함께할 시간이 부족했기 때문이다. 평소 소통할 기회가 적어 서먹서먹한 가족관계가 이어져왔고, 집안일에 대한 무관심이 가장 큰 원인일 수 있다. 특히 자신이 은퇴 후 어느 정도 독립적인 삶을 살아가야 하는데 필요한 것들에 익숙하지 못한 것에 가장 큰 원인이 있다.

퇴직한 후 출근하지 않고 혼자 집에 있게 되면 모든 게 낯설고 생소하다. 자기 집, 사랑하는 가족이지만 직장의 사무실보다 낯설고 가족들과의 친밀도도 직장동료들보다 못하다. 왜 그럴까? 말 그대로 가족이 아닌 하숙생처럼 살아왔기 때문이다. 그러나 충격적인 것은 아내와 자식들이 자기와 함께 이야기하는 것을 기피한다는 사실이다. 가장인 자신을 뺀 집사람과 자식은 오랫동안 함께 대화를 즐겼을 것이다. 그런데 어느 날 거기에 하숙생 같은 가장이 끼어 앉았으니 얼마나 불편하고 생소하고 부담스러울까 하는 생각도 든다. 결국 자기 집과 자기 가족이지만 거기엔 퇴직한 가장의 자리는 없다.

자기만 생소한 게 아니라 가족들도 퇴직한 남편과 아버지가 생소하다. 왜 이런 안타까운 일이 생기는 것일까? 자기 집에서 가장의 자리가 없다는 것은 앞으로 많은 시간과 인생을 생각할 때, 심각한 문제가 아닐 수 없다. 자기 집과 가족은 세상에서 가장 중요한 가장의 보금자리다. 당연히 거기에는 자기 자리도 있어야 정상이다. 퇴직한 가장이 겉돈다는 것은 아주 심각한 문제가 아닐 수 없다. 퇴직한 가장이 자리를 잡지 못하고 겉도는 가장 큰 이유는 준비가 없었기 때문이다. 준비가 없었기 때문에 본인은 물론, 가족까지도 상대적 소외를 겪게 되고 힘들게 된다. 그리고 잘못하면 더 큰 가정 문제로 발전할 수도 있다. 가족과의 관계도 인간관계다. 지금부터 가족과의 관계를 회복하기 위해서 많은 시간을 투자해야 한다. 그리고 인내와 지혜가 있어야 한다.

행복한 가족관계 만들기

가정이란, 부부를 중심으로 그 부모나 자녀를 포함한 집단과 그들이 살아가는 물리적 공간인 집을 포함한 생활 공동체를 통틀어 이르는 말이다. 그리고 가족이란, 부부를 중심으로 해서 그로부터 생겨난 아들, 딸, 손자, 손녀 등 가까운 혈육들로 이루어지는 집단을 말한다. 퇴직 후의 행복한 삶을 위해서 무엇보다도 가족들과의 관계를 회복하는 일이 중요하다. 매일 출퇴근하던 남편, 집보다는 밖에서 시간을 보내던 가장이 갑자기 종일 집에 있다는 것은 가족 모두에게 큰 스트레스가 된다. 그렇게 오랜 시간을 살았으니 가족 관계가 소원해지는 것은 당연하다.

소원한 가족관계를 회복하고 행복한 가족관계를 위해서 해야 할 일이 있다.

첫째, 식사시간에 가족과 대화를 많이 하는 것이 좋다.

식구는 같은 집에서 살며 끼니를 함께하는 사람이다. 그런데 가족들이 모두 모여서 식사를 한다는 것은 결코 쉬운 일이 아니다. 왜냐하면 집사람과 자식들도 각자 사회활동을 하기 때문이다. 한 달에 한두 번 함께 외식하는 것도 좋다. 가족 간의 관계회복을 위해서도 같이 식사하는 것이다. '식탁보다 더 좋은 외교는 없다'라는 말이 있듯이, 사람은 맛있는 것을 먹고 포만감을 느끼게 되면 여유가 생기고 너그러워진다. 그리고 가족들과의 대화를 위해 사전에 대화 주제를 준비하는 센스는 필수다.

헬스클럽에서 같이 운동을 하는 친구는 일주일에 한두 번은 가족과 외식을 한다. 특히 딸들과는 외식 겸해서 술벗이 되곤 한다. 지금도 출가한 딸들하고 여전히 술벗이 되어서 흉허물 없이 지낸다. 가장 부러운 친구다.

둘째, 가끔 가족과 영화를 보는 것도 좋다.

영화에 관한 이야기를 나누다 보면 소원하고 어색했던 가족과의 관계가 봄 눈 녹듯이 풀어질 수 있다. 필자는 식구들과 정기적으로 영화를 본다. 그런데 영화관에 가면 남자와 여자의 감성과 취향이 달라서 그런지 집사람과 딸, 그리고 나와 아들이 따로따로 보게 되는 경우가 있다. 아들과 팝콘과 콜라를 사 들고 영화를 감상하면서 통에 있는 팝콘을 집다 보면 아들과 자연스럽게 스킨십도 된다. 그리고 영화 감상 이후에 가족과 외식을 하면서 자연스럽게 영화에 대한 이야기꽃을 피운다.

셋째, 가족과 여행을 가는 것도 좋다.

여행을 함께 가게 되면 서로를 의지하게 되고 배려하게 된다. 여행하게 되면 식사도 함께하게 되고, 식사를 함께하면 자연스럽게 대화를 하게 된다. 무엇보다도 좋은 것은 대화의 주제를 따로 준비하지 않아도 된다. 자연스럽게 공통의 대화 주제가 생긴다. 여행이 어려우면 가볍게 등산이나 둘레길을 가는 것도 좋다. 과년한 딸에게 사윗감은 아빠와 분기에 한 번은 등산을 함께할 수 있는 사람이여야 한다는 조건을 걸었다. 필자는 매년 가족과 휴가를 다닌다. 패러글라이딩도 하고 맛집도 찾아다니고 명승지도 찾아다닌다. 그리고 밤에는 식구들과 맥주 한잔 기울이기도 한다. 그 덕분에 식구들과의 관계도 더욱 좋아진 것은 말할 것도 없다.

세컨 하우스(Second House)를 장만하라!

집에 자기만의 자리, 자기만의 공간을 확보하면 좋다. 자기의 아지트에 책, 음반, 영화 DVD, 바둑판, 노트북 등 자신의 취미와 새로운 세계나 일과 소통할 수 있는 공간을 만든다면, 가족들을 귀찮게 하지 않고 자신만의 시간을 만들 수 있다. 혹은 세컨드 하우스(second house)를 만들면 좋다. 세컨드 하우스는 어원 그대로 두 번째 집으로, 자신이 살고 있는 주택 외에 또 하나의 집을 갖는 것이다. 일반적으로 도시에 있는 집 외에 농촌(전원)에 있는 또 하나의 집을 세컨드 하우스라 부른다.

필자의 선배는 마음 맞는 친구들과 공동으로 오피스텔을 한 채 매입하고 일주일에 하루를 투자해서 경매 공부를 했다. 그 이유를 물어보니 언젠가는 퇴직해야 하는데, 먼저 퇴직한 선배들을 보니 할 일 없이 집에서 무위도식하면서 집사람과 싸움만 하는 경우가 많더란다. 그래서 시간을 보낼 수 있는 아지트를 확보하기 위해 오피스텔을 장만했다고 한다. 친구들과 놀기 때문에 외로울 겨를이 없다. 친구들과 바둑도 두고, 카드놀이도 하고, 영화도 보러 다니고 경매 물건도 알아보고 입찰도 하고 바쁘게 지낸다. 가끔 기대 밖의 수익이 창출될 때는 여행도 다닌다. 이 모든 경비를 소액 투자(1인당 3,000만 원 투자)에 의한 경매 투자(1인당 연간 1,000만 원 정도)로 조달한다. 직장에서의 실적에 대한 압

박감을 벗어나 친구들과 바쁘게 지내다 보니 살아온 인생 중 가장 행복한 시기인 것 같다고 한다.

언제나 현역일 수밖에 없는 선배가 마냥 부럽다. 필자도 선배를 롤모델로 삼아 경매 공부를 열심히 하고 있고, 어울릴 수 있는 친구도 모집하고 있다. 여러분도 지금부터 충분한 시간을 갖고 세컨 하우스를 준비하는 것도 좋을 것이다.

박사와 밥사 사이

창고가 차야 예절을 차리고, 입고 먹는 것이 넉넉해야 명예와 치욕을 안다. 연못이 깊어야 물고기가 살고 산이 깊어야 짐승이 노닐듯, 사람은 부유해야 비로소 인의를 행할 줄 안다. 세상에 천금을 가진 부잣집 자식은 길거리에서 죽는 법은 없다.

- 《사기》 129 '화식열전' -

필자가 강의를 시작하면서 교육생에게 제일 듣고 싶은 이야기가 무엇인지 물어보면 많은 사람이 재테크라고 답한다. 그런데 안타깝게도 정작 재테크에 관한 공부를 하는 사람이 없다. 돈을 벌고 싶다면 돈에 관한 공부를 해야 한다.

돈을 벌고 싶다면 첫째, 종잣돈(Seed Money)이 있어야 한다. 그리고 종잣돈을 굴릴 수 있는 투자 지식이 있어야 한다. 부와 가난, 그리고 학벌이 대물림되는 이유는 종잣돈의 차이라고 할 수 있다. 부모에게 강남에 아파트 한 채를 받고 시작하는 사람과 평생 벌어서 어렵게 집 한 채 장만하는 사람은 시간이 갈수록 그 격차가 더 벌어질 수밖에 없다.

둘째, 고급 정보가 있어야 한다. 부자들은 그들만의 리그를 즐긴다. 자기들끼리만 고급 정보를 공유한다. 셋째, 다수의 패배자가 있어야 한다. 재테크를 하겠다고 투자하는 대다수 사람들이 실패한다. 대표적인 것이 주식 투자다. 개미들이 대형 투자자들과 맞서 싸우는 것은 달걀을 가지고 바위를 치는 것과 마찬가지다. 주식 시장에서 돈을 벌려면 엄청나게 공부해서 대형 투자자를 이길 수 있는 실력이 있어야한다.

근로자와 자산가

자기 자신에게 "나는 근로자인가, 자산가인가?"라고 질문해보면 대답하기가 쉽지가 않다. 내가 아파서 병원에 입원해 있다고 가정해보자. 그것도 특실에 입원해 있어도, 가정경제에 지장이 없다면 당신은 자산가다. 특실이 아닌 일반병실에 입원해 있어도 가정경제가 휘청거리다면 당신은 근로자다. 병원에 입원해 있어도 자산소득이 있는 사람은 자산가이고, 수입이 전혀 없으면 그 사람은 노동자다.

"가난은 시(詩) 속에서는 아름답지만, 집 속에서는 미움이다."

– 유태인 속담 –

대부분의 사람은 평생 일만 하다가 삶에 찌든 피곤한 모습의 늙은 이로 죽게 된다. 성공적인 직장생활을 하면서도 노후를 준비하기는 쉽지 않다. 그리고 경제적으로 고생하게 된다. 왜 그럴까? 사람들은 돈에 관한 교육을 받은 적도 없고, 돈에 관한 공부를 해본 적도 없기 때문이다. 많은 사람이 열심히 일하지만 앞서 나가지는 못한다. 돈을 버는 방법이 아니라, 돈을 번 후에 관리하는 방법을 모르기 때문이다. 열심히 일하는 방법만 배웠지, 돈이 자신을 위해 일하게 하는 방법을 배우지 못했기 때문이다.

물려받은 것이 없고 뛰어난 사업수완이 없는 사람이 부자가 되려면 어떻게 해야 할까? 별다른 방법이 없다. 먼저 종잣돈을 만들어야 한다. 아끼고 모아서 종잣돈을 만들어 안전한 투자를 해야 한다. 그러려면 뚜렷한 직업을 가지고 직장에서 누구보다 열심히 일해야 한다. 그 과정에서 저축을 통해 수천만 원의 종잣돈을 모으고 뛰어난 투자처를 물색해야 한다. 가진 것 없는 사람이 부자의 꿈을 실현하려면 무엇보다 먼저 저축을 통해 종잣돈을 만들어야 한다. 저축은 종잣돈을 만들기 위한 효과적인 수단이다. 물론 평생에 걸쳐 저축을 통해 수십억 원의 돈을 모을 수도 있다. 하지만 그것은 부자가 되고 싶다는 꿈과는 다른 차원의 꿈을 가진 사람들의 저축 방식이다.

부(富)란, 내가 원하는 것을 원하는 때에 할 수 있을 만큼의 충분한 돈과 시간을 가지고 있는 것을 의미한다. 평생 김밥을 팔아 저축한 수십억 원을 대학에 장학금으로 기부하는 사람들이 있다. 물론 선행에 감동하는 사람들은 많겠지만, 그 사람들을 부자라고 부르는 사람은 별로 없을 것이다. 부자가 되려고 노력하는 사람들은 저축을 미덕으로 삼는 게 아니라, 부자가 되기 위한 효과적인 수단으로 활용해야 한다. 저축이 목표가 아니라 저축을 통해 부자가 되는 것이 목표여야 한다.

평생을 자기 일에 열정을 바쳐 높은 소득을 올렸다가 정작 퇴직하고 나서는 퇴직금마저 빚을 갚는 데 써 버리고 하루아침에 빈곤층으로 전락하는 사람들이 많다. 왜 그럴까? 젊은 시절, 누구보다 열심히 일해서 사회로부터 높은 평가를 받은 사람들이었다. 하지만 그들은 열심히 일만 했을 뿐, 자신이 벌어들인 돈을 현명하게 운용하는 데 서툴렀기 때문이다. 대체로 일벌레들은 재테크에 문외한인 경우가 많다. 즉, 자신이 일한 대가로 좀 더 높은 소득을 얻으면 그것으로 만족하고 만다. 높은 수입을 얻은 후, 그 수입을 어떻게 해야 하는지에 대한 관심이 없다. 일이 먼저고 돈은 그다음이다. 그래서 수입과 지출, 그리고 투자에 대한 치밀한 계획을 갖고 있지 않다.

하루 종일 일만 하는 사람은 돈 벌 시간이 없다

하루 종일 일만 하는 사람은 돈 벌 시간이 없다. 지금부터라도 재테크가 아닌, 금융 아이큐(IQ)에 관한 공부를 열심히 해야 한다.

금융 아이큐는 다음과 같은 것을 말한다.

첫째는 회계 지식이다.
내 주머니에 돈을 들어오게 하는 것은 자산이고, 내 주머니에서 돈을 나가게 하는 것은 부채다.

두 번째는 투자 지식이다.
투자 지식이란, 돈을 버는 과학이다. 흔히 우리가 알고 있는 재테크 개념이다. 투자 지식은 주식, 부동산, 경매 등 다양한 방법이 있다.

셋째는 시장에 대한 지식이 필요하다.

수요와 공급의 개념을 이해해야 한다. 다시 말해 경제환경 변화의 트렌드를 읽어야 돈을 벌 수가 있다.

그리고 마지막으로 법률 지식이 필요하다.

세금 혜택, 절세 등에 관련된 지식을 말한다.

미국 역사상 최고의 부자 중 한 사람으로 평가받고 있는 록펠러(John Davison Rockefeller)의 좌우명은 "하루 종일 일만 하는 사람은 돈 벌 시간이 없다"라고 한다.

박사와 밥사

나이를 먹게 되면 많은 돈이 필요하지 않다. 죽을 때 걸치고 가는 수의에는 주머니가 없다. 밥 사고 소주 한잔 살 수 있는 그런 정도의 돈만 있으면 족하다. 그런데 나이 먹어서 내 주머니에 돈이 없으면, 소주 한잔 마실 수도 없다. 필자가 운동하는 헬스클럽에는 운동하는 어르신(같이 운동하는 70대 후반부터 80대 초반의 분들로, 어르신이라고 하면 혼난다. 형님이라고 부르라고 한다)들이 계신다. 그런데 그 어르신들에게 헬스클럽은 운동하는 곳이라기보다는 놀이터라고 하는 게 더 어울릴 것이다. 삼삼오오

모여서 이야기꽃을 피우신다. 이분들은 경제적으로 먹고살 만큼의 여유를 가진 분들이다.

그런데도 이분들은 돈에 대한 애착이 강하다. 있으면서도 얻어먹으려고 하는 사람, 한 끼 사면서 벌벌 떠는 사람이 대부분이다. 오죽하면 석사, 박사보다 더 높은 학위는 '밥사'라는 우스개 이야기가 있겠는가? 냉혹한 세상에 내가 먼저 따뜻한 밥 한 끼를 사는 밥사가 석사, 박사보다 더 높다고 할 수 있다. 그런데 경제적으로 여유가 있어도 밥을 못 사는 사람이 많다. 집에 아무리 많은 돈이 있어봐야 본인이 쓸 수 있는 돈이 없으면 아무 소용이 없다. 본인이 쓸 수 있는 비자금이 있어야 한다.

필자는 강의 중에 50세 전후의 교육생들에게 가끔 비자금이 얼마나 있는지 질문한다. 여기에서 비자금이란, 와이프를 포함해서 식구들이 모르는 돈을 말한다. 경제적 활동, 즉 근로소득을 올릴 수 있는 현역활동을 최대한 연장해야 한다. 적어도 75세까지는 현역으로 있어야 한다. 그러려면 근로소득을 올릴 수 있는 경력 관리를 철저하게 해야 한다. 그리고 75~85세 정도까지 쓸 수 있는 여유자금을 준비해야 한다. 그때 필요한 1억 원 정도의 비자금을 확보한다면 금상첨화라고 할 수 있다. 1억 원이라는 돈은 한 달에 100만 원씩 10년을 쓸 수 있는 돈이다. 그러면 석사, 박사보다 높은 밥사가 될 수 있다.

나도 나이 들어 친구들과 어우러지면서 밥 한 끼를 살 수 있는 돈이 있었으면 좋겠다. 그 정도 돈이면 족하다. 그러므로 그 정도만 벌면 된다. 있으면서도 얻어먹으려고 하는 사람, 한 끼 사면서 벌벌 떠는 사람은 세상에서 제일 불쌍한 사람이다. 그리고 그런 사람은 나이가 들어가면서 점점 주변에 사람이 없게 된다. 나는 오늘도 박사보다는 밥사가 되기 위한 노력을 한다. 그것도 치열하게 노력한다. 밥사가 되려면 비자금도 중요하지만, 근로 수명을 최대한 연장해야 하는 것이 절대적 선행조건이다.

　　송해 선생님이나 김형석 교수처럼 영원한 현역이라면 비자금이 필요하지 않다. 영원한 현역은 영원한 밥사가 될 수 있다.

창문 넘어 도망친
100세 노인

나는 1년 내내 좋아하는 일만 한다. 일터로 향하는 내 발걸음은 탭
댄스를 추듯 가볍다. 나는 일터에 있을 때면 등을 기대고 누워 천장
에 벽화를 그리고 있다고 생각한다. 일은 정말 재미있다. 돈을 더 번
다고 내 삶의 질이 나아지지 않는다. 내 재산의 99%를 사회에 돌려
주면 다른 사람들의 삶은 훨씬 나아진다.

- 워런 버핏(Warren Buffett) -

100세 노인 원동력

《창문 넘어 도망친 100세 노인》은 스웨덴 작가 요나스 요나손

(Jonas Jonasson)이 2009년 출간한 소설이다. 이 소설은 스웨덴에서 100만 부(스웨덴 인구는 900만이니 대단한 판매 부수라고 할 수 있다), 세계적으로 1,000만 부 이상 팔리며 국내에서도 큰 인기를 끈 책이다. 2013년에 영화로 제작되기도 했는데, 세계적 베스트셀러답게 내용이 매우 흥미진진하다.

소설의 주요 내용을 살펴보면, 1905년 스웨덴에서 태어난 주인공은 열 살 때 폭약 회사에 취직해 폭탄 제조 기술을 배운다. 우연한 기회에 고향을 떠나 스페인에서 일하던 중, 자신이 만든 폭탄이 설치된 다리를 건너려던 독재자 프란시스코 프랑코(Francisco Franco Bahamonde) 장군의 목숨을 구한 것을 계기로 각종 사건에 휘말리며 세계를 떠돌아다닌다. 2차 세계대전 중에는 미국으로 넘어가 핵폭탄연구소에서 커피 심부름 아르바이트를 하다가 우연히 참석한 물리학자들의 회의에서 원자폭탄을 만드는 공식을 푼다. 이후 미국의 해리 트루먼 대통령, 중국의 마오쩌둥, 소련의 스탈린, 북한의 김일성, 김정일까지 20세기 세계사를 좌지우지한 지도자들을 모두 만나고 다닌다. 이처럼 파란만장한 젊은 날을 보내고 고국에 돌아와 양로원에 머물던 중, 노인은 100세 생일을 맞아 창문을 뛰어넘어 다시 세상 밖으로 탈출한다.

흥미진진한 노인의 일대기를 담은 이 소설에서 노인이 100세까지 무사히 살아올 수 있었던 원동력은 무엇일까?

첫째, 건강한 신체와 건전한 생각이다.

그는 병치레 한 번 안 한 건강한 몸을 갖고 있다. 노인은 아무나 되는 것이 아니다. 죽지 않고 세월이 가야 노인이 되는 것이다. 소설 속 노인은 위기에 겁먹지 말고 순간을 즐기자는 긍정적인 사고방식을 가지고 어려움을 헤쳐나가 사람들의 마음을 얻을 수 있었다.

둘째, 폭탄 제조 기술이다.

노인은 그 기술 하나로 세계 어디서든 일할 수 있었고, 각국의 지도자들이 앞다퉈 그를 찾았다. 노후를 재미있고 풍요롭게 바꾸는 기적은 내공이다. 내공(內功)이란, 훈련과 경험을 통해 안으로 쌓인 실력과 그 기운이다. 고승의 설법, 노배우의 연기, 할머니의 손맛에는 공통점이 있다. 구차한 설명이나 꾸밈이 없다. 모든 사람이 나이가 들면 저절로 내공이 생기게 되는 것이 아니다. 직장인이라면 꾸준한 역량계발과 철저한 경력 관리로 내공을 키우기 위한 노력을 해야 한다.

평생 현역, 영원한 현역

송해, 이순재, 신구, 백일섭, 남진, 송창식이라는 이름은 우리에게 너무나 익숙하다. 이분들의 공통점은 아직도 현역으로 일을 하고 있다는 것이다.

전국노래자랑을 30년 가까이 진행을 하고 있는 송해 선생님에게 방송에서 어떤 MC가 "선생님은 연세가 많으신데(1927년 생) 건강 비결이 무엇입니까?"라고 질문했다. 필자가 생각하기에 그 MC의 질문 의도는 술도 많이 드시고 배도 엄청 나왔고, 얼굴도 시커먼데 그 연세에 아직도 돌아가시지 않고 장수하는 비결이 무엇인가를 물어보는 것 같았다. MC의 엉뚱한 질문에 송해 선생님은 우문우답(愚問愚答)을 하셨다. "사람이 왜 죽는 줄 아는가? 사람이 죽는 이유는 심심해서다. 나는 심심할 겨를이 없다. 일주일에 반은 전국노래자랑 녹화하고 일주일의 반은 낙원동 사무실에서 친구들하고 놀기 바쁘다. 다시 말해 바빠서 죽을 시간이 없다"라는 말씀이시다. 요즘은 다른 프로그램도 하시고, 광고도 촬영하시고 점점 더 바빠지시는 것 같다. 낙원동 일대를 송해거리로 명명했다는 소식도 있다. 평생 현역이기 때문에 100세 이상 사실 것 같다. 그것도 바쁘게 말이다.

'묻지도 따지지도 않습니다'라는 광고로 유명한 이순재 선생님은 1934년 출생으로, 우리 나이로 아흔 살이 다 되셨다. 그런데도 아직도 드라마, 예능프로에 출연하시고, 대학에서 강의도 하고 계신다. 하루에 1~2시간씩 발성 연습도 하고 계시다고 한다. 정치에 입문해 국회의원도 지냈고, 방송연기자협회 회장을 세 차례나 역임했다. 유명해지는 것과 높은 자리에 올라가는 것 모두를 경험했다. 무엇보다 중요한 것은 옛 영광에 머무르지 않고 있다는 것이다. 끊임없이 새로운 자신의 모습을 보여주고 있는 현역이다.

재테크가 아닌 노(老)테크

60세에 정년퇴직한다고 해도 우리에게는 기대여명인 25년간의 시간이 있다. 25년은 약 22만 시간이다. 여기에 수면·식사 등 일상생활에 꼭 필요한 필수 시간과 질병 등으로 일상생활이 불가능한 와병 시간을 제외한 가용시간은 11만 시간으로 조사되었다. 이는 우리나라 근로자의 연간 근무시간(2163시간)의 50배에 달한다. 우리는 100세 시대를 제대로 준비하지 못하고 있다. 그 이유는 아직 많이 겪어보지 않았기 때문이다. 하지만 100세 시대에 30~40년을 아무 일도 안 하면서 놀고 먹기에는 너무 시간이 길다.

사람이 살면서 고통스러운 것이 네 가지가 있다. 첫 번째는 고생스러운 것이고, 두 번째는 다른 사람에게 냉대, 즉 대접을 받지 못하는 것이다. 세 번째는 고민하는 것이고, 네 번째는 노년에 한가로운 것이다.

'교통비가 없어서 모임에 못 나온다', '축의금, 부의금이 없어서 애경사에 참석을 못 한다'라는 이야기가 있다. 말로만 듣던 이 이야기를 예전에 가까운 친구를 통해서 목격하게 되니 마음이 참담했다. 그런데 그 친구를 아주 오랜만에 상갓집에서 만나게 되었다. 친구는 뜻밖에도 표정이 밝고 쾌활한 모습이었다. 소주 한잔하면서 친구의 그간의 살아온 이야기를 들을 수 있었다.

친구는 회사가 경영이 어려워져 구조조정을 해서 원하지 않던 퇴직을 하게 되었고, 어쩔 수 없이 자영업에 뛰어 들게 되었다고 한다. 식당도 하고 노래방도 하다가 망했다. 프랜차이즈를 하다가도 망했다. 하도 망하니까 집사람이 앞으로 당신은 아무것도 하지 말고 놀라고 해서 어쩔 수 없이 놀게 되었다. 그때부터 모든 관계를 끊고 잠수를 탔다. 집사람이 주는 몇 푼의 용돈 가지고는 담배 사 피우고 혼자 포장마차에서 소주 한잔 먹기도 힘들었다. 그러니 친구들도 외면하게 되고 애경사는 더더욱 참석하기도 힘들었다. 특히 집사람한테 손을 벌릴 때마다 죽고 싶은 마음까지 들었다고 한다.

지금 친구는 편의점 프랜차이즈의 현금수송차량을 운전하고 있다. 지방 지사에서 근무를 하고 있는데, 한 달에 250만 원을 받고 있다. 차량 수리비 50만 원, 차량감가상각비 50만 원을 빼면 150만 원을 버는 셈이다. 100만 원은 집사람에게 송금하고 나머지 50만 원은 비자금으로 모으고 있다. 그리고 지금 이 생활이 너무 행복하다고 한다. 친구의 행복한 이유를 들어보니 웃어야 할지, 울어야 할지 모르겠다.

친구가 말한 행복한 이유는 첫째, 마누라 안 봐서 좋고(지방에서 근무하기 때문에 한 달에 한 번 집에 간다), 둘째, 와이프에게 돈 달라는 소리 안 해서 좋고(손 안 벌려서 좋다), 셋째, 와이프에게 돈 갖다 줘서 좋고(100만 원), 넷째, 돈 안 써서 좋고, 다섯째, 무엇보다 정년이 없어서 좋다는 것이다. 다시 말해 건강이 허락하는 데까지는 일을 할 수 있다는 것이다. 75세까지 일을 하기 위해서 퇴근 이후에 열심히 운동하고 있다. 그때까지는 현역일 수가 있어서 좋다고 한다.

친구의 이야기를 정리하면 이런 의미일 것이다. 첫째, 일이 있어 좋다. 일하니 심심할 겨를이 없다. 둘째, 사람들과 어울려서 좋다. 일을 하니 사람들과 어울리게 되고, 사람들과 수다를 떨어서 좋다. 외롭다는 사치를 부릴 시간이 없다. 물론 잡스러운 생각을 할 겨를이 없어서 좋다. 셋째, 돈 벌어 좋다. 와이프한테 손 안 벌려서 좋다. 와이프한테 돈 갖다 줘서 좋다. 넷째, 돈 쓸 시간이 없어서 좋다. 즉, 놀면서 고통스럽고 냉대받던 여러 가지 것들이 해결돼서 좋다는 의미일 것이다.

필자가 알고 있는 사람 중에 취미생활을 퇴직 후의 일로 연결한 사람들이 많다. 직장생활을 하면서 자기가 좋아하는 일을 찾아야 한다. 그리고 취미생활을 그냥 즐기는 수준을 넘어 죽기 살기로 파고들어야 한다. 글쓰기, 분재, 사진 촬영, 수공예, 집수리, 집짓기 등을 매주 토요일이나 일요일 중에 하루를 선택해서 4시간만 꾸준히 투자해라. 그렇게 5년을 투자하면 전문가가 되고, 10년을 계속하면 도가 트이고 프로가 될 수 있다. 그러면 조기 퇴직의 공포를 떨쳐낼 수 있다. 더 나아가 전직할 수도 있고, 평생 현역이 될 수도 있다.

선배 중 한 분은 난과 분재에 대해 프로처럼 공부하며 시간을 투자했다. 그러다가 경기도 연천의 민통선 가까이에 500평의 땅을 아주 싸게 매입한 후, 분재농장이라고 간판을 걸고 주말마다 농장에 가서 난과 분재에 빠져 생활했다. 그러다 다니던 회사에서 명퇴를 신청하라고 해서 많은 위로금을 받고 명퇴를 한 후, 명퇴위로금을 농장에 투자해 본격적으로 농장을 경영하게 되었다. 그렇게 퇴직에 대한 불안감 없이 평생현역이 되었다. 그뿐만 아니라 세컨 하우스도 자연스럽게 해결되었고, 명퇴금으로 매입한 땅도 많이 올라 말 그대로 땅땅거리고 살고 있다. 이만하면 덤, 나머지 인생(餘生)이 아닌, 화려한 인생(麗生)이라고 할 수 있다.

청춘이란, 인생의 어떤 시기를 말하는 것이 아니라 마음의 상태를 말한다. 다시 말해 80~90대의 노인에게도 일이 있고 열정이 있다면 청춘이라고 할 수 있다. 흔히 퇴직 후 30년을 일컬어 '핫 에이지(Hot Age)'

라고 한다. 말 그대로 '열정을 가지고 또 다른 인생을 사는 시기'라는 말이다. 사람은 나이를 먹어서 열정이 사라지고, 할 일이 없어지면 그때부터 늙기 시작한다. 특히 마음이 가장 먼저 늙는다. 퇴직 후에 일을 하지 않고 몇 년 놀다 보면 사람은 많이 늙게 된다.

하지만 퇴직은 인생의 끝이 아니다. 퇴직 후에도 또 다른 인생을 개척한다면 재테크보다 훨씬 낫다고 할 수 있다. 그래서 재테크가 아닌, 노(老)테크를 미리 준비해야 한다. 그런 사람이 장수하는 것은 당연히 축복이다. 오래 사는 축복을 누리려면 노테크에 대한 준비를 철저히 해야 한다. 완전히 새로운 출발선에서 경력 관리, 인생 설계를 다시 해야 한다. 어떤 씨를 뿌려 어떤 열매를 거두냐는 전적으로 개인의 판단과 준비에 달려 있다. 퇴직 후의 삶은 여생(餘生 : 나머지, 덤 인생)이 되느냐, 여생(麗生 : 화려한 인생)이 되느냐로 갈라진다. 노테크를 잘하면 평생 현역으로 살 수 있고, 화려한 인생이 될 수도 있다. 노테크의 핵심은 철저한 준비와 경력 관리에 있다고 하겠다.

친구가 많으면
살길도 많다

가을 젖은 낙엽

　퇴직 이후, 남편들의 본래의 이름은 사라지고 몇 가지로 압축되어 불린다. 집에서 하루에 한 끼도 안 먹는 남편을 부를 때는 사랑스러운 영식 씨라고 부른다. 하루에 한 끼를 먹는 남편을 부를 때는 귀여운 일식 씨, 두 끼를 먹는 남편은 그냥 두식 씨, 세끼 먹고 간식까지 먹는 남편은 종간나라고 부른다. 그리고 아내의 전화에 귀를 기울이고, 어린 아이처럼 아내 뒤만 졸졸 쫓아다닌다고 해서 바둑이라고 부른다. 하는 일 없이 모든 것을 아내에게 의지하고 귀찮게 한다고 해서 젖은 낙엽이라고 부른다. 가을의 젖은 낙엽은 땅에 빗자루로 쓸어도 쓸어도 땅에 착 달라붙어 있어 치우기가 힘들다. 더군다나 간신히 쓸어 모은 낙엽은 태우려 해도 불도 잘 붙지 않고 잘 타지도 않는다.

젖은 낙엽을 일컬어 일본에서는 누레오치바(濡れ落ち葉)라고 부르는데, 50대에 퇴직을 사람을 누레오치바라고 부른다. 이처럼 누레오치바는 치워버리고 싶지만 쉽게 치워지지 않는 존재를 의미한다. 퇴직하고 그것도 조기퇴직하고 집에만 있는 남편들은 애물단지, 골칫덩어리, 짐덩어리가 된 지 오래되었다. 남편을 집에 두면 근심덩어리, 데리고 나가면 짐덩어리, 마주 앉으면 원수덩어리, 혼자 내보내면 사고덩어리, 며느리에게 맡기면 구박덩어리라고 한다. 남편 얼굴만 봐도 가슴이 막히고 답답해지는 증상을 일컬어 은퇴남편 증후군이라고 한다. 남편 증후군 증세로 고생하다가 결국 황혼이혼을 하는 경우도 많다.

사람마다 차이는 있겠지만 대개 50대가 되면 남자들은 가정에 귀환하게 된다. 문제는 부부가 서로 함께 있는 것에 익숙하지 않다는 것이다. 남편이 직장생활을 하면서 정신없이 밖으로 나도는 동안 아내는 자신만의 네트워크를 구축했다. 자녀 친구들의 엄마 모임, 여고 동창 모임, 동네 아줌마 모임, 노래 교실 모임, 동호회 등 자신이 편하게 만나고 즐겁게 지낼 수 있는 사람들을 거미줄처럼 형성하고 있다. 필자의 집사람도 동네에서 다양한 휴먼 네트워크, 아줌마 인맥을 구축하고 있다. 일주일에 한두 번은 모임에 참석하느라 바쁘게 지내고 있다. 그 덕에 혼자 저녁밥을 해 먹거나 바깥에서 해결하는 경우가 많다.

아줌마들은 돈을 많이 들이지 않고 재미있게 노는 방법을 잘 안다. 특별한 일이 없어도 만나면 몇 시간씩 수다를 떨며 재미있게 시간을 보낸다. 놀라운 것은 이들은 모여서 동시에 떠들어도 대화가 된다는 것이다. 가히 신의 경지다. 남자들은 둘이서 대화를 나누어도 상대의 이야기를 알아듣지 못해서 대화의 진도가 잘 안 나가는데 말이다.

남자들은 용건이 없으면 사람들을 만나는 일에 서툴다. 남자들에게는 그냥 좋아서 만난다는 것은 있을 수 없는 일이다. 특히 퇴직 후의 백수인 상태에서 친구를 만나러 가는 것은 내키지 않는 일이다. 그냥 만나서 실컷 수다를 떨고 온다는 것이 불가능하기 때문에 갈 곳이 없다. 그리고 만날 사람도 없다. '퇴직한 남편들이 가장 필요로 하는 것이 다섯 가지 있다'고 하는 유머가 있는데, 와이프, 집사람, 마누라, 애들 엄마, 여편네, 부인이 그것이다. 그러니 남편들은 어쩔 수 없이 가을 젖은 낙엽처럼 마누라에게 착 들러붙게 된다.

와이프들은 자식들을 다 키우고 이제 시간적인 여유를 갖게 된다. 그리고 지금까지 구축한 인맥을 활용해 행복한 시간을 가지려고 하는데 걸림돌, 애물단지, 짐덩어리, 걱정덩어리인 남편이 집에 종일 있으면서 아내의 발목을 잡는다. 퇴직한 남편이 애타게 찾는 와이프에게 필요 없는 것이 한 가지 있다. 그것은 남편이다. 남자들은 퇴직 후에 왜 젖은 낙엽이 되고, 애물단지가 되는가? 그것은 함께할 친구가 없기 때문이다.

퇴직 후에는 친구가 없다

퇴직 후의 직장인들이 가장 당혹스러워하는 것이 한 가지가 있다. 그것은 그동안 알고 지냈던 사람들과의 관계, 즉 인간관계, 휴먼네트워크가 아주 빠른 시간에 재정리된다는 것이다. 사장까지 지냈던 선배한 분이 "그 많던 사람이 3개월 만에 정리되고 남는 것은 고향 친구 몇명뿐이더라"라고 하던 말씀이 기억에 남는다.

창원에 있는 H중공업 연수원에 근무했던 K팀장의 이야기가 기억난다. K팀장은 교육예산을 집행하던 관리자였다. 교육기관, 영업사원, 강사, 교수 등 무수히 많은 이해관계자가 그와 술자리를 하기 위해서 줄을 서고 온갖 환심을 사기 위해 노력했다. 적당히 교통정리를 하면서 교육 과정을 나눠주고 대접도 받았다. 물론 마음에서 우러나서 도와준 사람도 꽤 있었다.

그런데 다른 기업에서 회사를 인수하게 되어서 어쩔 수 없이 희망퇴직을 하게 되었다. 잠시 여유를 갖고 몇 달 쉬고 난 후에 그동안 도와줬다고 생각했던 사람들을 찾아다녔다. 그런데 거의 대부분의 사람이 밥 한 그릇 사고는 모른 척하더란다. K팀장은 그때 깨달은 것이 있었다. 몇 달의 공백기 동안 진실한 인간관계가 무엇인지 확실히 재정리가 되고 정말 값진 시간이었다는 것이다.

필자의 선배는 J제지에서 30대에 임원을 하고, K제지에서 전무를 하다가 S그룹에서 사장까지 지냈다. 인사, 기획, 감사, 홍보를 총괄하시던 중역이었기 때문에 주변에 다양한 인맥을 갖고 있었다. 성격도 굉장히 낙천적이고 사교적이고 리더십이 넘쳤던 사람이었기 때문에 많은 사람들이 따랐다. 언론계, 정치인, 직장의 동료, 후배, 거래처의 사람들까지 폭넓은 교류를 하셨던 분이다. 필자도 선배의 다양한 인맥을 부러워했다. 다른 건 몰라도 인복 하나는 타고났으니 외로울 일도 없고 언제나 현역에 계실 거라고 생각했다.

그런데 선배가 퇴직을 하게 되었다. 퇴직 후 몇 달이 지나서 선배와 저녁을 같이하게 되었다. "요즘도 바쁘게 지내고 계시죠?"라고 물어보니 뜻밖의 이야기를 하셨다. 그 많던 인맥이 퇴직과 동시에 하나둘 연락이 뜸해졌다는 것이다. 예전에는 먼저 찾아오고, 먼저 연락하던 사람들이 끈 떨어지기가 무섭게 종적을 감췄다고 한다. 신기루처럼 사라졌다는 것이다. 물론 여전히 연락하는 좋은 친구들이 있기는 하지만, 그 많던 사람들이 썰물처럼 사라지니 굉장히 허탈하고 자괴감이 들더란다. 누구보다 남들에게 베풀고 배려하려고 노력했고, 그래서 폭넓은 인맥을 갖게 되었다는 자부심을 가지고 살았는데, 요즘에는 모든 게 허무하고 사람들과의 관계도 부질없다는 생각이 든다고 한다.

왜 이런 일이 일어날까? 그것은 진정으로 친한 관계가 아니기 때문이다. 서로의 필요에 의해서 만나고 필요에 의한 친분만 맺다 보니 지속적인 관계로 이어지기 어렵다. 특히 일을 통해 만난 사람들은 일의 관계가 끝나게 되면 만나야 할 동기가 사라지게 된다. 이런 인간관계의 속성을 모르고 직장동료나 거래처 직원들이 자신의 주변에 많다고 자랑하다가는 퇴직 후에 큰 상실감을 느끼게 된다.

새로운 친구 만들기

선배는 요즘, 젊은 친구들 만나는 재미에 푹 빠졌다. 영어 회화를 함께 수강하는 20대의 친구들과 영화도 보고 SNS(카카오톡, 문자 메시지, 메일)도 한다. 선배는 젊은 친구들한테 왕따 당하지 않고 어울릴 수 있는 비결을 이야기했다. 처음에는 어색했지만, 자식같이 젊은 친구들한테도 꼭 존댓말을 한다. 그리고 대화를 독식하지 않고, 세상 사는 지혜에 대한 교훈적인 이야기로 감동시키려고 하지 않는다. 왜냐하면, 처음에는 자식 같아서 여러 이야기를 해줬는데, 젊은 친구들이 고리타분해 한다는 것을 알게 되었기 때문이다. 그래서 가끔 그들이 좋아하는 피자를 사고, 젊음의 매력을 유지하기 위해 잘 씻고, 깨끗하고 캐쥬얼한 옷을 입고 다닌다.

1,700명의 남녀를 대상으로 한 영국 노팅엄 대학의 연구 결과에 의하면, 마음을 터놓고 이야기할 수 있는 친구 수가 행복도에 비례한다고 한다. 실제로 친구가 많을수록 스트레스는 낮고 인생 만족도는 높았다. 통계는 친구가 많으면 건강하고 오래 살 수 있다고 말하고 있다. 믿고 의지할 친구 열 명만 있으면 든든한 패를 쥐고, 퇴직 후의 인생이 행복할 수 있다.

　　현직에 있을 때처럼 자연스럽게 친구가 생기지는 않겠지만, 노력하면 얼마든지 좋은 사람과 친구가 될 수 있다. 필자가 아는 분은 퇴직하기 몇 년 전부터 아파트에서 통장을 하셨다. 그전에는 아래위 층의 주민들과도 인사를 나눈 적이 없었다. 그런데 통장을 하니까 같은 아파트에 사는 주민들에게 먼저 인사하게 되고 그 덕분에 많은 사람과 알고 지내게 되었다. 몇 년 후 퇴직했는데 가깝게 지내던 주민들이 아파트 협의회 회장을 하라고 추천해주었다. 의도한 것은 아니었지만 아파트 협의회 회장이 되고 나니까 현직에 있을 때보다 더 바쁘고 더 많은 사람들과 교류하게 되었다. 퇴직 후의 외로움과 쓸쓸함을 느껴보지도 못하고 활기찬 나날을 보내고 있다. 특히 통장수당과 아파트 협의회 회장 판공비까지, 생각지도 못한 과외 수입이 쏠쏠하다.

　　새로운 친구를 만드는 방법은 아주 다양하다.

첫째, 산악회 등 동우회에 가입하라.

산악회에 가입하면 적은 경비로 아름다운 산을 등산할 수 있고 건강도 좋아진다. 그리고 다양한 사람들을 만날 수 있고 더불어 다양한 삶의 모습을 볼 수 있어서 좋다. 필자의 친한 친구는 퇴사하고 식당을 개업했다가 실패를 했다. 돈도 없고, 할 일도 없고 해서 북한산을 산행하는 산악회에 가입했다. 그러다가 산악회에서 만난 사람의 도움을 받고 아주 적은 금액으로 창업을 했는데, 아주 안정적으로 경영을 하고 있다.

둘째, 동네 헬스클럽을 다녀라.

동네 친구를 많이 사귈 수 있다. 어떤 헬스클럽이든 모임이 있게 마련이다. 헬스클럽에서 새로운 친구를 만나고 운동 후의 술 한잔은 삶의 활력소가 된다. 본격적으로 지역에 데뷔하는 것이다. 필자는 22년째 같은 헬스클럽을 다니고 있다. 헬스장에서 가끔 술 한잔 기울이는 후배의 도움을 받아 새로운 사업을 모색하고 있다.

셋째, 지자체에서 운영하는 문화센터에 다녀라.

다양한 취미생활을 배울 수 있다. 컴퓨터도 배우고, 악기도 배우고, 사교춤도 배우고, 바둑도 배우고, 요리도 배워라. 특히 나이 들어서 아내에게 사랑받으려면 맛있는 요리를 할 줄 알아야 한다. 그래야 집에서 홀로서기를 할 수 있다. 그리고 이런 활동을 통해 새로운 친구도 사귀고 다양한 정보도 얻을 수 있다.

넷째, 교육을 받으러 다녀라.

관심 있는 분야의 교육 프로그램에 참여하면 다양한 정보를 얻을 수 있다. 국가에서 지원해주는 배움카드를 활용하면 교육비 부담을 줄일 수 있다. 그리고 다양한 사람들과 교류를 통해 살아 있는 정보를 얻을 수 있다. 세상을 살아가는 방법은 너무나 많고 다양하다. 현직에 있을 때는 몰랐던 삶의 지혜 체득을 통해 새로운 인생을 개척할 수도 있다.

강한 사람은 힘이 센 사람도 아니고, 지위가 높은 사람도 아니다. 세상에서 제일 강한 사람은 도와주는 사람이 많은 사람이다. 아무리 개인 역량이 뛰어나고 힘이 세더라도 도와주는 사람이 많은 사람을 이기지 못한다. 인생을 살면서 내가 한 노력을 운이라고는 말하지 않는다. 그렇다면 운은 누가 가져다주는 것일까? 운은 사람이 가져다준다. 친구가 많으면 살길도 많다. 친구가 많으면 건강하게 오래 살 수 있다. 지금부터 나이 먹어서도 어울릴 수 있고 의지할 수 있는 친구, 운을 가져다줄 수 있는 친구를 만들기 위한 노력을 해야 한다. 친구가 많으면 영원한 현역이 될 수 있다.

놀 줄 모른다.
노는 방법을 모른다

택시기사의 취미

취미란, 전문적으로 하는 것이 아니라 즐기기 위해서 하는 일, 아름다운 대상을 감상하고 이해하는 힘, 감흥을 느끼어 마음이 당기는 멋이다. 이처럼 취미는 다양한 의미가 있으며 그 분야도 정말 다양하다. '열심히 일한 자여, 떠나라'라는 광고가 있었다. 바다로 산으로 향해서 신나게 놀겠다는 생각을 하고 목적지에 도착하면, 하는 일은 딱 한 가지, 먹고 자는 것밖에 없다. 왜 그럴까? 노는 방법을 모르기 때문이다. 노는 방법을 모르니 놀 줄도 모른다. 취미는 전문적으로 하는 것이 아닌, 좋아서 즐기기 위해 하는 것이다. 즐거움을 얻는 것이 주목적이기 때문에 효율성이나 숙련도와는 상관없이 자기가 즐겁다면 그걸로 충분한 게 취미다.

몇 년 전, 횡단보도의 신호를 받기 위해서 급하게 걸음을 재촉하다 발을 헛디뎌서 복숭아뼈를 다친 적이 있다. 1개월간 통 깁스를 하고 다녔다. 그리고 4개월 이상 목발을 집고 다녔던 것 같다. 통 깁스하고 목발 집고 다니는 사이에 소식을 듣게 된 주변 사람들한테서 연락이 왔다. 얼마나 불편하냐, 고생이 많다 등 위로의 말을 건네주는 사람들이 많았다. 그런데 몇 사람은 전화하자마자 안부도 묻지 않고 "왼발 다쳤어? 오른발 다쳤어?" 하고 묻는다. "오른발을 다쳤다"고 대답하니 그제야 "고생이 많네" 하는 것이 아닌가? 이런 질문을 한 사람은 복숭아뼈를 다쳐보았거나, 다쳤던 사람을 보았거나 한 사람들이다. 왜냐하면 오른발을 다치면 운전을 못 하게 되기 때문에 움직이려면 불편할 수밖에 없다. 경험에서 우러나는 삶의 지혜를 가진 사람들이다. 내공이 있는 사람인 것이다.

　　운전을 못 하니 카카오택시를 부를 수밖에 없었다. 그런데 의외로 연세가 많은 택시 기사님이 오는 경우가 많았다. 덕분에 택시에서 목적지까지 가는 동안 심심하지 않게 세상 사는 이야기를 많이 듣게 되었다. 몇 분은 정년퇴직을 하고 한동안은 하는 일 없이 놀았다고 한다. 그런데 노는 것도 노는 방법을 모르니 놀 수가 없더란다.

　　그중에 특히 기억에 남는 기사님이 계신다. 그분은 회사에서 30년 정도 운전을 하고 정년퇴임을 하셨다. 다시는 운전은 하지 않고 놀고 먹어야겠다고 생각했다고 한다. 그래서 친구들과 어울려서 놀게 되었는데, 노는 방법을 모르니 만나면 술을 마시는 게 일이요, 놀이였다. 3년을 그렇게 술만 먹다 보니 한 친구는 건강을 잃고, 병원에 입원해 있는데 오래 못 살 것 같다고 한다. 자연스럽게 함께 놀던 친구들과의 만남도 뜸해지고 할 일 없이 집에서 집사람 구박받아가면서 사는데 한심하다는 생각이 들더란다. 다른 뾰족한 대안도 없고, 고민하다가 결국은 택시 운전을 하게 되었다. 다시는 운전을 하지 않겠다고 했는데, 지금은 택시 운전을 하는 게 그렇게 행복할 수가 없다고 이야기하신다. 결근 없이 그것도 다른 사람이 펑크내는 것까지 대타로 운전하신다. 그러면서 "노는 것도 놀아본 사람이 노는 것이다. 노는 방법을 모르니 놀 줄도 몰랐고 세상사는 재미도 없었다. 그래서 더 나이 먹어 운전을 못 하게 될 때를 대비해서 문화센터 같은데 다니면서 노는 방법, 즉 취미를 배우고 있다"라고 이야기하셨다.

놀아야 할 시간이 너무 길다

집 옆에 봉화산이라는 작은 뒷산이 있다. 건강관리를 위해 일주일에 두세 번 정도 이른 아침에 등산을 한다. 등산로 주변에는 각종 운동기구가 있다. 특히 정상 부근에는 정자도 있고, 정자 주변에는 철봉과 평행봉, 역기 등 다양한 운동기구도 비치되어 있다. 70~80대 어르신들이 철봉도 하시고 벤치프레스도 하시고 나무에 등치기를 하는 등 다양하게 운동을 하신다. 뒷산의 하이라이트는 뭐니 뭐니 해도 입 운동이다. 시간 가는 줄 모르고 수다를 떠는데 무척이나 진지하다.

하루는 많은 비가 밤새 내렸다. 아침에 비가 잦아든 사이에 뒷산을 오르니 몇 사람만 있고 한가하다. 70대 초반쯤 되시는 분이 운동을 하고 있는데 몸이 약간 불편한 같은 연배의 사람이 올라오셨다. "비 오는데 하루 쉬지, 뭣 하러 나왔어?"라고 아는 체를 하시니까, 의외의 대답이 나온다. "아침에 여기를 왔다 가야 하루가 빨리 가지" 그 말이 왠지 가슴 짠하게 들려온다. 할 일 없이 하루하루를 보낸다는 것은 여간 고역이 아니다. 일도 없지, 놀 줄도 모르지, 친구도 없지, 그러니 갈 데도 없지, 오라는 데도 없지, 살날은 한창인데 답답할 따름이다.

종로의 파고다 공원에는 17개의 이발소가 모두 성업 중이다. 장로(장기간 노는 사람), 목사(목적 없이 사는 사람), 지공선사(지하철 공짜로 타는 사람)들이 모이기 때문에 장사가 잘된다. 천안, 춘천, 양평 등지에서 지하철을 공짜로 타고 와서 머리 깎고, 염색하는 데 1만 원이면 된다. 2,000원짜리 국밥 한 그릇 먹고, 노상 카페에서 150원짜리 커피 한잔 뽑아 파고다 공원에 간 장로, 목사, 지공선사들은 자신이 살아온 경험담을 털어놓는다. 함께 갑론을박하면서 시간을 보낼 때는 시간 가는 줄 모른다.

이야기꽃을 피우는 동안에는 나이를 잊고 젊음의 혈기와 흥분이 뻗친
다. 그런데 집으로 돌아가는 뒷모습에는 어딘지 모를 공허함과 쓸쓸
함이 느껴진다. 100세 시대에 30~40년을 아무 일도 안 하면서 놀고먹
기에는 너무 시간이 길다. 노는 방법을 모르니 놀 수도 없다. 그저 답
답할 따름이다.

노테크, 취미테크

누구나 자기가 좋아하는 일을 하면서 돈도 버는 꿈같은 생각을
해본 적이 있을 것이다. 실제로 취미를 직업으로 만든 사람들도 많다.
선배 중에 한 분은 난(蘭)을 키우는 재미에 심취해 있었다. 난에 관한
공부를 하고 난을 연구하는 동호회에 가입해 활동도 했다. 난을 채취
하기 위해 전국을 돌아다니며, 다른 나라 여행도 했다. 그러던 중, 회
사에서 연말에 특별 성과급이 나와서 연천에 작은 땅을 매입했다. 난
을 키울 수 있는 난 농장을 장만했다. 주말에는 난 농장에 가서 난을
키우는 재미에 빠지게 되었다. 난을 가꾸고 키우는 데 많은 돈과 시간
과 노력을 들였다. 퇴직 후에는 농장에서 숙식하면서 블로그도 운영
하고 있다. 그 덕분에 난 전문가로서 명성도 얻고 평생직업도 갖게 되
었다. 그 선배는 자신이 왜 직장에 매달려서 살았는지 모르겠다고 말

하며, '좀 더 일찍 난(蘭)과 함께했다면, 자신의 인생이 즐겁고 행복했을 텐데…' 하는 아쉬움을 토로한다.

친한 후배는 마술을 취미생활로 갖게 되었는데, 하면 할수록 묘한 마력에 빠지게 되었다. 그래서 부부가 마술을 제대로 배울 수 있는 전문대학을 다니게 되었다. 그때 알게 된 학교 친구들, 그리고 전문마술사들과 마술과 관련된 인맥을 만들었다. 자연스럽게 마술 공연에 참여하게 되고 이름도 알려지게 되었다. 그 덕분에 아내는 초등학교에 방과 후 교사로 취업도 하게 되었고, 마술사로서 다양한 공연을 하고 있다. 후배는 강의와 매직을 연결해서 강의할 수 있는 프로그램을 개발해서 퇴직 후의 인생을 대비하고 있다.

사람들에게 취미가 무엇이냐고 물어보면 독서가 취미라고 하는 사람이 많았다. 이는 한마디로 취미가 없다는 이야기라고 할 수 있다. 그렇다면 고전을 읽는 취미를 가져보자. 공자, 한비자, 장자, 사기 등을 공부해보자. 이런 고전은 나이가 들수록 대접받을 수 있다. 그리고 글쓰기를 해보자. 책을 출간하면 전문가로 대접받을 수 있다.

취미활동에는 비용이 들어간다. 그렇기에 건전하게 자기 수준에 맞게 대중적이고 가벼운 취미를 고르면 된다. 예를 들면 바둑, 장기, 독서, 글쓰기, 분재, 기타, 색소폰, 등산, 헬스, 조기축구, 요리, 문화탐

방 등은 적은 돈을 가지고도 할 수 있는 취미생활이다. 그리고 취미에 심취하면 새로운 직업을 만들 수도 있고, 사회성 향상에 도움이 될 수 있다.

　사람들과 대화를 할 때, 취미를 물어보는 상황에서 "딱히 특별한 취미는 없다"라고 한다든지, "그냥 조용히 쉬는 거"라고 하는 식의 무미건조한 대답보다는 괜찮은 취미를 언급할 때 더 많은 이야기가 오고 가기 좋다. 취미활동은 온라인 커뮤니티, 동호회 활동을 통해 다양한 사람들과 교류할 수 있어 새로운 친구들을 사귀기에 좋다. 같은 취미활동을 하기 때문에 이야기의 소재가 무궁무진하다. 시간 가는 줄 모르고 이야기꽃을 피울 수 있다. 특히 다양한 삶을 살아온 사람들과 어우러지다 보면 내가 알지 못했던 삶의 영역을 개척할 수 있다.

　친구가 사업을 하다 실패하게 되어 의기소침해 있다가 건강을 잃게 되어 등산을 하게 되었다. 친구는 산에서 만난 산 친구의 도움으로 큰돈을 들이지 않고 불광동 NC백화점에서 가구점을 하고 있다. 때마침 은평 뉴타운에 많은 사람이 입주하면서 짭짤한 수입도 챙길 수 있었다. 지금도 안정적으로 가구점을 운영하고 있다.

　사람들은 일이 많아서, 시간이 없어서, 돈이 없어서 취미활동을 하지 못한다고 이야기한다. 하지만 내 인생의 주체자는 바로 자신임을 명심해야 한다. 알고 있으면서도 미루고 있는 취미생활, 지금 바로 시작하라! 값싸고 볼품없어도 좋다. 오늘도 수고한 나를 위해 취미를 선물하라!

취미는 영혼의 문학적 양심이다.

- 프랑스의 모렐리스트, 주베르(J. Joubert) -

시니어 작가가 돼라

글쓰기에는 정년이 없다

필자는 강의하는 내용의 콘텐츠를 개발하기 위해 독서를 한다. 하지만 편식을 하는 것처럼 제한된 분야의 책을 주로 보게 된다. 리더십, 자기계발, 생애 설계, 인간관계, 커뮤니케이션 등과 관련된 신간을 구입해서 읽게 된다. 내가 책을 구입할 때 항상 유념하는 것이 있다. 출판 기획과 편집에 관련된 일을 하는 사람의 글은 될 수 있으면 구입하지 않는다. 그들은 화려하고 멋있는 글을 쓴다. 그것도 구조적으로 간결하게 글을 쓴다. 그런 글들을 접하게 되면, 다 읽은 후 공허함을 느끼게 된다. 왜냐하면, 글의 깊이가 경박단소(輕薄短小)하다. 행간의 의미가 없다. 책을 집필한 저자가 경험, 체험한 내용이 아니기 때문이다. 생애 설계, 리더십, 인간관계에 관련된 내용은 삶의 경험이 풍부한 사람의 이야기, 경륜과 통찰이 깃든 이야기가 공감이 가고 깊이가 있다.

　삶에서 인간관계는 90% 이상을 차지한다. 특히 직장인들이 가장 힘들어하는 것도 인간관계다. 삶의 경험이 일천한 사람이 여러 가지 책을 편집해서 인간관계에 대한 책을 출판한다면, 그 책은 죽은 책이라고 할 수 있다. 삶의 경험, 인간관계의 경험이 풍부한 사람이 자신의 경험, 체험담을 풀어놓는다면 문체는 투박할지라도 깊이가 있고 공감이 될 것이다. 전문 글쟁이가 아니어도 좋다. 인생에서 풍부한 경험과 지혜가 켜켜이 쌓여 있는 사람이 쓴 글은 깊이가 있다. 그들이 구사하는 언어나 문장이 투박하고 어설퍼도 괜찮다. 왜냐하면 경륜과 통찰이 깃든 이야기는 읽으면 재미가 있기 때문이다. 그리고 많은 부분 공감이 된다.

　요즘 많은 시니어들이 작가로 데뷔하고 있다. 이 글을 읽는 여러분도 글쓰기를 배워서 작가라는 직업을 창출하는 것도 좋을 듯하다. 글쓰기는 따로 시간을 내지 않아도 된다. 직장에서 틈나는 대로 준비하고 정리하면 된다. 글쓰기는 엄청난 체력이 드는 것도 아니다. 그리고 엄청난 기술과 노력이 필요한 것도 아니다. 약간의 글쓰기 스킬만 배우면 된다. 글쓰기는 스킬보다는 인생 경험과 독서량이 절대적으로 중요하다. 스포츠, 음악, 수학, 바둑과 달리 소설을 집필하는 작가는 성인 전문가를 압도하는 소년 천재가 없다. 경륜과 통찰은 하루아침에 만들어지는 것이 아니다. 살아온 세월과 경험, 그리고 삶의 지혜가 켜켜이 쌓여야 나오는 것이다. 그래서 그런지 요즘은 늦깎이 작가들이 몰려오고 있다. 늦깎이 작가들이 몰려온다면 대환영할 일이다. 그 세대의 기억에 쌓여 있을 문자화가 되지 못한 이야기, 기록하지 못한 사건, 말할 수 없었던 사연이 넘쳐날 것이다. 경륜과 통찰이 담긴 서사가 그렇게 찾아온다면, 기획과 편집이 우선시되는 경박단소하는 책들은 사라질 것이다. 그리고 더불어 많은 늦깎이 작가들이 나올 수 있을 것이다.

곡성 할매와 칠곡 가시나

2011년 일본을 강타한 《약해지지마》의 시바타 도요는 늦깎이라고 하기에도 뭐한 99세의 나이에 시집을 냈다. 그녀는 배운 것도 없이 가난한 일생을 보냈다. 결혼에 한 번 실패했고, 두 번째 남편과도 사별한 후, 20년 가까이 혼자 살았다. 그러다 너무 힘들어 죽으려고 한 적도 있었다. 시바타 도요 역시 다른 노인들처럼 "빨리 죽어야 되는데…"라는 말을 입에 달고 살았다. 그런데 시를 쓰고 나서부터 달라졌다. 시바타 도요의 글에는 질곡(桎梏) 같은 인생을 헤쳐오며 99년을 살아온 평범한 이야기, 그러나 기적 같은 이야기가 있다. 그녀가 잔잔히

들려주는 이야기에 사람들은 감동하고 저마다의 삶을 추스르는 힘을 얻는다. 그렇게 시바타 도요의 시집은 지난 2011년 3월에 발간된 후, 6개월 만에 70만 부가 넘게 팔려나가 대형 베스트셀러가 됐다.

시바타 도요의 영향으로 한글을 배우지 못한 시골 할머니들의 배움 학교가 많이 생겨났다. 그리고 곡성의 '길작은도서관'에서 곡성 할머니 시인들이 《시집살이(詩집살이)》라는 시집을 냈다.

사박사박 장독에도 지붕에도 대나무에도
걸어가는 내 머리 위에도 잘 살았다 잘 견뎠다. 사박사박

- 윤금순, '눈' -

윤금순 할머니의 귀에는 사박사박하는 소리가 토닥토닥하는 소리로 들렸다. 윤금순 할머니의 눈앞에는 어린이 윤금순, 소녀 윤금순, 며느리 윤금순, 엄마 윤금순의 모습이 주마등처럼 스쳐갈 것이다. 그리고 그 모든 윤금순에게 잘 살았다고, 잘 견뎠다고 다독여주는 윤금순 할머니의 모습이 눈물겹도록 아름답다.

2019년 칠곡 가시나들! 한글과 사랑에 빠진 칠곡 할머니들의 두근두근 욜로 라이프! 묵고 시픈 거, 하고 시픈 거, 덧없는 인생 팔십줄 별일 없던 칠곡 할머니들 인생에 별일이 생겼다. 때론 컨닝도 하고 농

띠도 피워가며 가갸거겨 배웠더니, 어느새 온 세상이 놀거리, 볼거리로 천지삐까리, 눈만 마주쳐도 까르르르, 열일곱 가시나가 된 할머니들 이제 매일매일 밥처럼 한 자, 한 자 시를 짓게 되는데…. 고마 사는 게 배우는 기, 와 이리 재밌노!

- 칠곡 가시나 -

이런 어르신들이 쓴 글은 투박하고 어설플지라도 글이 깊이가 있다. 살아온 인생이 있다. 가슴 저 깊이에 있는 무엇인가를 끄집어내어 준다. 전문 글쟁이들을 압도하는 경륜과 통찰이 깃든 서사가 있다. 그런 의미에서 보면 강의를 오래 한 나는 젊을 때는 책을 통해서 습득한 지식을 가지고 패기로 강의를 했다. 지금 생각해보니 부끄럽기만 하다.

쓰는 것이 힘이다

'아는 것이 힘'이라는 말이 있다. 그러나 아는 것이 많다고 하더라도 그것을 체계적·논리적으로 표현해내지 못한다면 소용이 없다. 아는 것이 힘이 아니라, 쓰는 것이 진정한 힘인 것이다.

글쓰기 프로세스

1. 주제 선정
2. 자료 수집과 정리
3. 아우트라인의 설정
4. 주제의 재검토
5. 추가 자료 수집
6. 수집된 자료 분석
7. 礎稿(초고) 쓰기
8. 推敲(퇴고) 쓰기

---

1. 주제 선정

주제란, 글이 다루고 있는 핵심적인 내용이나 대상이다. 즉, '무엇에 대해서 쓴 글인가?'라는 질문에 대한 대답이다. 주제를 선정할 때는 자신의 관심과 흥미, 전공, 직무에 관련된 것을 선정해야 한다. 왜냐하면, 글을 쓰는 사람이 역량이 있어야 주제를 해결할 수 있기 때문이다.

2. 자료 수집과 정리

자료란 주제를 풀어나가기 위해 사용되는 이야깃거리다. 이야깃거리가 없다면 글을 쓸 수가 없다. 글쓰기는 평소에 많은 글과 말을 접해야 한다. 다른 사람과 대화를 즐기거나, 강연회·세미나에 적극적으로 참석하고, 많은 독서를 통해서 자료를 수집·정리해놓아야 글을 쓸 수 있다.

3. 아우트라인 설정

아우트라인은 글을 실제로 쓰기 전의 준비 과정으로서, 미리 만들어놓은 글의 윤곽, 개요, 예상 목차를 말한다. 아우트라인은 건물을 지을 때의 설계도와 같은 것이므로 좋은 글을 쓰기 위해서는 반드시 필요하다.

4. 주제의 재검토

자료(제재)가 충분하지 않으면 아우트라인을 설정하기가 쉽지 않다. 그러면 글을 쓸 수가 없다.

5. 추가 자료 수집

아우트라인을 채울 수 있는 충분한 자료가 없을 때는 추가로 자료를 수집해야 한다.

6. 자료 분석

아우트라인에 맞는 자료의 선별 작업을 말한다.

7. 초고(礎稿) 쓰기

초고를 쓸 때는 글의 아우트라인에 의한 자료 배치를 하고 추가 자료를 수집해서 구멍을 메우고 첨삭과 연결해서 초고를 완성한다. 《노인과 바다》의 헤밍웨이는 "초고는 걸레다"라고 말했다. 초고는 퇴고(推敲)의 바탕이 되는 원고를 지칭한다.

8. 퇴고(推敲) 쓰기

글을 쓸 때 여러 번 생각해서 고치는 것을 말한다. 퇴고는 많이 할수록 좋다. 톨스토이는 《전쟁과 평화》를 집필할 때, 35년 동안 퇴고를 했다. 책을 집필할 때, 참고할 내용의 글을 복사해놓고 여러 번 퇴고하면 새로운 글이 된다.

글쓰기 프로세스를 간단하게 정리했다. 지금부터 글쓰기에 관한 공부를 하라! 글쓰기는 어렵지 않다. 글쓰기는 마음만 먹으면 배울 수 있다. 글쓰기에 관련된 서적을 구입해서 읽으면 된다. 글쓰기 세미나에 참여해서 글쓰기 공부를 하면 된다. 유튜브에 수많은 글쓰기 콘텐츠가 있다. 글쓰기 공부를 부지런히 하라. 살아온 세월과 경험, 삶의 지혜가 켜켜이 쌓여 있는 경륜과 통찰을 글로 옮기는 시니어 작가가 되는 것이다. 그러면 정년이 없는 새로운 직업을 만들 수 있다.

시니어 화이팅!

참고문헌

《오늘은 내 인생의 가장 젊은 날입니다》 이근후 지음 / 2014 / 샘터사

《살아 있는 것들은 전략이 있다》 서광원 지음 / 2014 / 김영사

《세렝게티 전략》 /스티븐 베리 지음 / 권오열 옮김 / 2009 / 서돌

《오늘이 여행입니다》 유지안 지음 / 2021 / 라온 북

《주홍글씨》 나다니엘 호손 지음 / 한영탁 옮김 / 2007 / 다락원

《그림과 함께 보는 조용헌의 담화》 조용헌 지음 / 2007 / 랜덤하우스

《직장인을 위한 변명》 권영설 지음 / 2001 / 거름

《프로로 자라기》 김진애 지음 / 1999 / 서울포럼

《프레임》 최인철 지음 / 2007 / 21세기북스

《을의 생존법》 임정섭 지음 / 2008 / 쌤앤파커스

《삼매경》 SERICEO 콘텐츠 팀 지음 / 2001 / 삼성경제연구소

《해인으로 가는 길》 도종환 지음 / 2006 / 문학동네

《가지 않은 길》 로버트 프로스트 지음 / 손혜숙 옮김 / 2014 / 창비

《대한민국에서 봉급쟁이로 산다는 것》 권용철 지음 / 2006 / 랜덤하우스 중앙

《회사가 붙잡는 사람들의 1% 비밀》 신현만 지음 / 2009 / 위즈덤 하우스

《퇴사학교》 장수한 외 지음 / 2016 / RHK

《변신》 프란츠 카프카 지음 / 이재황 옮김 / 2011 / 문학동네

《은퇴 후, 40년 어떻게 살 것인가》 전기보 지음 / 2013 / 미래지식

《사자도 굶어 죽는다》 서광원 지음 / 2008 / 위즈덤 하우스

《익숙한 것과의 결별》 구본형 지음 / 1999 / 생각의 나무

《그대, 스스로를 고용하라》 구본형 지음 / 2001 / 김영사

《성공을 꿈꾸는 한국인이 사는 법》 LG경제연구원 지음 / 2006 / 청림출판

《부자 아빠 가난한 아빠》 로버트 기요사키 지음/ 안진환 옮김 / 2000 / 민음인

《창문 넘어 도망친 100세 노인》 요나스 요나손 지음 / 임호경 옮김 / 2016 /
열린책들

《성공적인 은퇴를 위한 생애설계》 KSA, 이기훈 지음 / 2015 / 박문각

《글쓰기 소프트》 김해식 지음 / 1993 / 새길

《대한민국 시니어리포트 2014》 교보생명 지음 /2014 / 교보문고

《은퇴 후 30년을 준비하라》 오종남 지음 / 2009 / 삼성경제연구소

《마흔 살, 내가 준비하는 노후 대책》 김동선 지음 / 2015 / 나무생각

'직장인 나이들며 후회하는 9가지' KDB증권 / 2019 / KDB증권

'걷다' 신광철 지음 / 2016 / 월간 좋은생각

퇴직 후 30년을 준비하라
퇴직과 은퇴 사이

제1판 1쇄 | 2022년 4월 5일

지은이 | 이기훈
펴낸이 | 유근석
펴낸곳 | 한국경제신문*i*
기획제작 | (주)두드림미디어
책임편집 | 최윤경   디자인 | 얼앤똘비악earl_tolbiac@naver.com

주소 | 서울특별시 중구 청파로 463
기획출판팀 | 02-333-3577
E-mail | dodreamedia@naver.com(원고 투고 및 출판 관련 문의)
등록 | 제 2-315(1967. 5. 15)

ISBN 978-89-475-4802-1 (03190)